I0092156

Die Gothic-Szene

Selbst- und Fremdpräsentation der umstrittenen
Jugendkultur. Eine jugend- und mediensoziologische
Untersuchung

von

Ute Meisel

Tectum Verlag
Marburg 2005

Coverfoto: Ute Meisel

Meisel, Ute:
Die Gothic-Szene.
Selbst- und Fremdpräsentation der umstrittenen Jugendkultur.
Eine jugend- und mediensoziologische Untersuchung.
/ von Ute Meisel
- Marburg : Tectum Verlag, 2005
ISBN 978-3-8288-8911-8

© Tectum Verlag

Tectum Verlag
Marburg 2005

Ich widme diese Arbeit meinen Eltern Christine und Ludwig Meisel sowie Thomas Wachtendorf.

Mein Dank geht an Thomas Wachtendorf, meine Eltern und Carolin Basedow für die fachliche und seelische Unterstützung, Dr. Rainer Fabian für die wissenschaftliche Betreuung, sowie Inga Dammers für das Modellstehen für die Coverfotografie.

Inhaltsverzeichnis

Jeder Kenner der Szene weiß, was Gothic bedeutet und dass die 'black bands' dieser Musikrichtung ganz bewusst den Triumph des Bösen und der Gewalt über christliche Werte und Tugenden verbreiten [...]. [...] Verantwortungsvolle Eltern können nicht eindringlich genug gewarnt werden, ihre Jugendlichen zu diesem 'Event' gehen zu lassen und sie damit bedenkenlos dem Einfluss von Satanismus, Drogen und Gewalt auszusetzen.[1]

Gruftis – sind das nicht diese düsteren Gestalten, die den ganzen Tag Gräber schänden? Hühner und kleine Kinder opfern? Tragende Toten-Musik hören? Blut trinken und kein Spiegelbild haben?[2]

Sie bezeichnen sich als 'schwarze Seelen, die ihre Verwandtschaft dadurch zelebrieren, dass sie sich gegenseitig Blut abnehmen und bei Kerzenlicht noch warm trinken'. Diese Schilderung entspringt keineswegs der Phantasie, sondern ist bundesweit in der schwarzen Szene gängige Praxis.[3]

---

[1] Auszug aus einem Leserbrief zum Festival „Rock am See"; Saarbrücker Zeitung (18/06/01) zit. n. www.gothic-culture-ev.de/extern/infopool/mediothek/presse/szene

[2] Im weiteren Text wendeten sich die Autoren dieses Artikels von dem zitierten Urteil ab! Das Magazin zum Sonntag (05/07/003)

[3] *Sterben ist schön!* Der Spiegel (51/2000).

1 Einleitung

Ende der 70er Jahre enstand in England aus der Punkbewegung heraus eine Szene, die besonders durch ihre düstere Ausstrahlung und ihre den Tod stilisierende Selbstpräsentation auffiel: die Gothic-Szene. Mittlerweile liegt ihr Schwerpunkt[1] in Deutschland. So finden auch weltweit für die Gothics bedeutende Treffen wie zum Beispiel das *Wave-Gotik-Treffen* zu Pfingsten in Deutschland statt. Mit der hiesigen Verbreiterung der Szene, deren Anhänger in der Bundesrepublik auf rund 50.000 geschätzt werden[2], und aufgrund ihrer auffälligen Zeichen, wurden die Gothics schnell zum Thema der deutschen Presse. Was bedeuten die schwarzen Gewänder der Szenemitglieder? Handelt es sich bei dem Gebrauch antichristlicher Symbolik um Zugehörigkeitsbekundungen zum satanistischen Glauben? Kann hier von einer Sekte gesprochen werden? Die Gothic-Szene wird in den Massenmedien auf unterschiedlichste Weise dargestellt. Die Bandbreite der Pressebeschreibungen reicht von einer harmlosen, jugendlich provozierenden Trauerkultur bis zu einer Szene, die dem Rechtsextremismus zugewandt ist und mit der Satanismusszene gleichgesetzt wird. Verwirrungen um Zugehörigkeiten und Begriffe der Szene können zu undifferenzierten Aussagen in den Massenmedien führen. Folgendes Beispiel verdeutlicht die Problematik:

Eine Dokumentation des ZDF[3] berichtete über Jugendliche, die sich

---

[1]Die Szenemitglieder sind in Deutschland auch unter den Namen Grufti(e)s oder die Schwarzen bekannt. Die Bezeichnung Grufti wird von der Szene allerdings abgelehnt, die Bezeichnung die Schwarzen führt zu Mißverständnissen, warum auch in dieser Arbeit „Gothic" als Titel der Szene bevorzugt wurde.

[2]Vgl.: Hitzler / Bucher / Niederbacher 2001; S.71.

[3]„Im Dunstkreis der Hölle", ZDF 16.07.02.

vom Satanismus fasziniert zeigten. Der erste Teil dieser Sendung bestand aus einer Aneinanderreihung von Interviews Jugendlicher, die sich dem Satanismus zugehörig fühlten. Vom Moderator wurden diese Jugendlichen der schwarzen Szene zugeschrieben und die Mitglieder dieser Szene als Satanisten bezeichnet. Was war nun das Ziel dieser Sendung? Es wurde deutlich, daß mit Hilfe der Dokumentation und des anschließenden Gesprächs mit Experten der Gothic-Szene und des Satanismus' eine Differenzierung zwischen dem hier als harmloser dargestellten, jugendszentrierten Satanismus, zu dem in der Sendung die schwarze Szene gezählt wurde, und dem jugendzentrierten Satanismus angestrebt wurde. Hintergrund war der Mord eines Paares (Witten), das angeblich im Auftrag Satans diese Tat begangen haben wollte und sich im Stil der Gothic-Szene kleidete. Problematisch war die Vermengung unterschiedlicher Szenen. Im Film wurden Jugendliche im Stil der Gothic-Szene gezeigt, die Hintergrundmusik bestand aus Liedern des Black-Metal, bezeichnet wurde das gesamte Phänomen als schwarze Szene. Sind mittlerweile Vermischungen der Black-Metal-Szene mit der Gothic-Szene erkennbar, so kann die Black-Metal-Szene, deren Außendarstellung besonders durch satanistische Zeichen geprägt ist, nicht mit der Gothic-Szene gleichgesetzt werden, was in der Dokumentation unter dem Begriff „schwarze Szene", der eigentlich die Gothic-Szene auf eine andere Weise betitelt[4], geschehen ist. Denn ist es in der Black-Metal-Szene, die hauptsächlich aus männlichen Mitgliedern besteht, durchaus aus Provokationsgründen üblich, sich als Satanisten zu bezeichnen, so findet die Beschäftigung mit Satanismus in der Gothic-Szene größtenteils auf theoretischer Basis statt. Auch die im Anschluß interviewten Experten klärten das entstandene Mißverständnis nicht auf. Unkenntnis über Szenen, Zeichen und szenetypische Bedeutungen der Zeichen können also schnell zu falschen Urteilen führen.

---

[4]Vgl.: Wallraff (2001), S. 25ff.

Worum geht es bei diesen Zuschreibungen? Bei den Urteilen handelt es sich hauptsächlich um Vorwürfe abweichenden Verhaltens[5] in unterschiedlich starken Ausprägungen. Es ist von Grabschändung, Satanismus in Verbindung mit Gewalt, von Suizidgefärdung und ähnlichem die Rede, aber auch von der Verbreitung rechtsextremer Ideologien. Existieren für diese Vorwürfe Anhaltspunkte in der Szene? Haben sie Berechtigung? Werden sie weiter auch in seriösen Zeitungen thematisiert?

Um diese Fragen klären zu können, wird die Arbeit in zwei große Bereiche geteilt: in die Selbstpräsentation der Szene mit einem anschließenden Erklärungsteil zu den Hintergründen für diese Darstellung und in die Fremdpräsentation, die durch die Massenmedien erfolgt. Im ersten Abschnitt wird untersucht, wie sich die Gothic-Szene nach außen darstellt, mit welchen Zeichen und Themen sie spielt. Analysiert werden in diesem Kapitel die Zeichen und Themen der Szene, die in deren Stil zum Vorschein kommen, im besonderen in der Musik, Kleidung, den Symbolen, der Wohnraumgestaltung und in den Treffpunkten, den Szenemedien und Events der Szene. Auf diese Weise ist es möglich zu zeigen, inwieweit es für die genannten Urteile Anknüpfungspunkte in der Außendarstellung der Szene gibt. Im nächsten Schritt wird erläutert, was hinter den von der Szene benutzten Zeichen steht, worüber sich die Szenemitglieder definieren, welche Einstellungen und Wertvorstellungen sie haben. Es werden Fragen behandelt wie zum Beispiel: Welche Rolle spielt Satanismus in der Szene? Gibt es rechte Tendenzen? Und wenn ja, warum konnten sie in einer eigentlich von der linken Seite gegründeten Szene Platz finden? Welche Rolle spielt die Todessymbolik? Welche Entwicklungen haben in der Szene stattgefunden? Auf welche gesellschaftlichen Phänomene reagiert sie? Mit dem Fazit zu diesen beiden Abschnitten kann dann geklärt

---

[5]Zum Begriff abweichendes Verhalten gibt das Kapitel Fremdpräsentation Auskunft.

werden, ob die oben angeführten Urteile zutreffen und falls nicht, ob es trotzdem Anhaltspunkte für ihre Entstehung und Existenz in der Selbstpräsentation der Szene gibt. An letzter Stelle steht die Analyse der Fremdpräsentation. Ziel dieses Teils der Arbeit ist es zu bestimmen, inwiefern bestimmte Printmedien die Szene mit abweichendem Verhalten in Zusammenhang bringen, inwieweit sie die aufgeführten Urteile weiterverbreiten beziehungsweise bestätigen. Aufgabenstellung ist nicht, herauszufinden, *warum* die Medien die Szene auf diese Weise darstellen. Es interessiert lediglich, *daß* sie es tun. Zur Analyse werden bewußt solche Printmedien herangezogen, die nicht in die Kategorie Boulevardmedien fallen, um beurteilen zu können, ob die negativen Urteile auch außerhalb der Boulevardmedien verbreitet sind. Als Datengeber dienen die überregionalen Tageszeitungen *Die Süddeutsche, Frankfurter Allgemeine Zeitung, Die Tageszeitung* sowie *Die Welt*. Aus diesen Medien werden alle Artikel von 1996-2002, die auf die Szene bezug nehmen, ausgewertet. Zum Abschluß soll dann eine Vermutung aufgestellt werden, welche Auswirkungen eine solche Berichterstattung haben kann.

Bevor mit dem theoretischen Teil zu Szene, Stil und Zeichen begonnen wird, muß an dieser Stelle noch eine Einschränkung gemacht werden. Im Blickpunkt der Untersuchung steht nicht die gesamte Gothic-Szene sondern nur ihr deutscher Teil. Diese Eingrenzung wurde vorgenommen, da die Szenen, die ebenfalls mit Gothic betitelt sind, weltweit teilweise sehr voneinander abweichen. Die Abweichung betrifft nicht nur den Stil – so konnten beispielsweise in England vor drei Jahren bunte Leuchtstäbe an Gothics beobachtet werden, ein in Deutschland für die Szene unübliches Phänomen – sondern auch die Bedeutung der Zeichen. Die Abweichung der Bedeutung der Zeichen in Szenen mit unterschiedlicher regionaler Herkunft, läßt sich am Beispiel der Punks verdeutlichen. So gab es schon zwischen den Einstellungen der westdeutschen und ostdeutschen Punks Unterschiede. Punks aus der

DDR kopierten den Stil, drückten aber ihre eigenen Probleme mit diesem Stil aus.[6] Thema dieser Arbeit soll also nicht sein, die möglichen verschiedenen Bedeutungen des Gothic Stils in anderen Ländern zu untersuchen.

In der nachfolgenden theoretischen Einführung sollen nun die zu untersuchenden Phänomene der Selbstpräsentation festgelegt werden. Begonnen wird mit einer kurzen Darstellung der Geschichte der Gothic-Szene. Dieser Teil soll die wesentlichen Grunddaten der Szene liefern. Woher kommt der Name? Wie ist die Szene entstanden und welche Abgrenzungen zu sich zum Teil überschneidenden Szenen müssen getroffen werden, um ein klares Bild dessen zu haben, was in dieser Arbeit untersucht werden soll?

1.1 Geschichte der Gothic-Szene

Bevor die Anfänge und die Entwicklung der Gothic-Szene geschildert werden, soll zu Beginn kurz die Geschichte des Begriffes *Gothic* angeführt werden. Diese Begriffsgeschichte dient als Einstieg in das Thema. Hier werden schon wichtige, auch die Szene bestimmende Elemente angesprochen.

Die Geschichte des Begriffes *Gothic* geht weit zurück[7]. 410 n.Chr. besiegten von Skandinavien und Osteuropa herkommende Stämme die römische Macht und plünderten Rom. Diese Stämme erhielten von griechischen und römischen Autoren die Bezeichnung „Goten" und wurden Synonym für eine kriegsähnliche Barbarei. Seitdem assoziiert man den Begriff *Gothic* mit dunklen Mächten, der Lust an Herrschaft über Schwächere und Grausamkeit. Interessant ist hierbei auch die Verbindung zur europäischen Stilstufe der mittelalterlichen Kunst der

---

[6]Vgl.: Stock/Mühlberg (1990), S. 236.

[7]Wenn nicht anders angegeben Begriffsgeschichte Gothic vgl.: Davenport-Hines 1998, S. 1-11.

Gotik beziehungsweise *Gothic*. Zunächst wurde dieser Stil von den Italienern im 15.Jhd. abwertend mit *Gotik* bezeichnet. Sie betrachteten das ihrer Ansicht nach dem goldenen Zeitalter der Antike folgende Mittelalter und seine Kunst als barbarisch[8] und machten für diesen Zustand der Epoche die Goten verantwortlich. Selbst nach der Richtigstellung blieb die Bezeichnung. Bis zur Romantik betitelte der Begriff *Gotik* in der Kunst das Abstruse, Geschmacklose und Überladene. DAVENPORT-HINES spricht von einem Revival des Gothic im 18.Jhd. Nicht das Revival der mittelalterlichen Stilepoche ist hier gemeint, sondern das Revival der kulturellen Stimmung – der Faszination an Bestrafung, Barbarei, Brutalität, Terror. Diese Wiederbelebung war die emotionale, ästhetische und philosophische Reaktion auf den Glauben im 18. Jhd.

> [...] that by right reasoning humankind could achieve true knowledge and harmonious synthesis, and hence obtain perfect virtue and felicity. [...] The gothic revival has developed in a historical continuum reflecting irrationalism, pessimism and latterly anti-humanism[9]

Machtbilder, die Themen Dominanz, Unterordnung, gegenseitige Abhängigkeit erhielten eine große Bedeutung beim Revival der Gotik. Dies zeigte sich auch auf der sexuellen Ebene. So wurde der Sadomasochismus mit der Entstehung der gotischen Literatur Ende des 18. Jahrhunderts Thema. Dies ist eine interessante und keineswegs zufällige Tatsache, so DAVENPORT-HINES. *Gothic* existiere nicht ohne einen grausamen Helden und ein kriechendes Opfer. Gotische Schriftsteller und Künstler thematisierten den Verfall. Sie waren zum Beispiel fasziniert von architektonischen Ruinen. Aber auch moralischer (bei ANN

---

[8]Vgl.: Haubenreißer 1995, S. 306. Sowie Etymologisches Wörterbuch des Deutschen 1995, S. 463.
[9]Davenport-Hines 1998, S. 2, 3.

RADCLIFFE), körperlicher (bei DE SADE), emotionaler (wie bei E. A. POE) und sozio-politischer Ruin (Frankensteins Monster) wurde dargestellt. Tod und Verletzungen in allen Hinsichten wie zum Beispiel bei Figuren wie Dracula, sowie die Idee der Aufhebung der Grenze zwischen Leben und Tod spielten eine große Rolle. Interessant ist, daß DAVENPORT-HINES behauptet, alles Gotische, seine Intensität, seine Atmosphäre und seine Erscheinung, hätte Elemente des Theaters.[10]

Der Begriff *Gothic* zur Beschreibung einer Musikstilrichtung entstand Ende der 70er Jahre des 20. Jahrhunderts in England. Bands wie *Siouxie and The Banshees*, *Joy Division* oder *Bauhaus* wurden mit diesem Titel von den englischen Musikzeitschriften wie *New Musical Express (NME)* und *Sounds* umschrieben. Obwohl sich die meisten Musikgruppen von dieser Beschreibung distanzierten, setzte sich die Bezeichnung Anfang der 80er Jahre in den englischen Musikzeitungen durch. Die Wave-Gothic-Szene entstand aus der langsam abebbenden Punkbewegung heraus. Schon beim Punk wurde zwischen Fun Punk und Depro Punk unterschieden. Die sehr absolute, negative Einstellung des Depro Punk, der Umweltkatastrophen, Arbeitslosigkeit und den Untergang zum Thema hatte, wurde von der neuen Strömung der Gothics mit einer gewissen Romantik versehen[11]. Wichtige weitere Vorläufer, die Ende der 70er Jahre auftraten, waren zum einen die New Waver und zum anderen die New Romantics. Sie beeinflußten den Stil der Gothics ähnlich stark wie die Punks[12]. Auch in Deutschland wird die Herkunft der Gothicbands aus dem Punk durch den frühen Begriff *Dark-Punk-Bands*[13] deutlich. Gegen Ende der 80er Jahre spaltete sich der Gothic dann endgültig vom Punk ab und ordnete auch die New Wave Richtung unter.

---

[10]Zur Epoche der Romantik mehr im Fazit der Selbstpräsentation
[11]Vgl.: www.gothic-culture-ev.de
[12]mehr zu diesem Thema im Kapitel: Kleidung der Vorläufer
[13]Vgl.: Hitzler / Bucher / Niedermacher 2001; S.71.

Mittlerweile liegt der Schwerpunkt der Gothic-Szene in Deutschland. Bedeutende Gothic Treffen wie zum Beispiel das *Wave-Gotik-Treffen* zu Pfingsten finden in Deutschland statt. Anhänger dieser Bewegung werden hier auf rund 50.000 geschätzt[14]. Besonders in den 90er Jahren des 20. Jahrhunderts[15] wuchs die Fangemeinde mit dem Aufkommen der EBM (Electronic Body Music) in der Schwarzen Szene. Desweiteren bildeten sich neue musikalische Substile innerhalb der Szene heraus. So wurden auch klassische oder sakrale Klänge wiederentdeckt und verarbeitet. Es entstanden ruhigere, melancholischere Musikrichtungen, die von den Szenemitgliedern konsumiert wurden. Aber auch der Black Metal brachte wichtige, nicht nur musikalische, Einflüsse. Vermischungen und Überschneidungen zu anderen Szenen mehrten sich. Wie ist es nun möglich, über eine Szene zu berichten, die so stark ausdifferenziert ist? Wie in der Einleitung schon bemerkt, ist es nötig, die Szene gegenüber anderen Szenen abzugrenzen, auch wenn Überschneidungen vorliegen. In der heutigen Gothic-Szene existieren Berührungen zur EBM-Szene, der Black-Metal-Szene und der Sadomaso-Szene.[16] Die EBM- und Black-Metal-Szene bringen besonders musikalische Einflüsse. Die Abgrenzungen und zum Teil sogar Gegensätze werden zum einen in dem stark männlich dominierten Bild beider Szenen erkennbar, das sich durch die Kleidung aber auch durch die hohe Präsenz männlicher Mitglieder äußert. Zum anderen erscheinen die Unterschiede bei dem für die Gothic-Szene unüblichen militaristischem Bild der Kleidung der EBM-Szene, sowie bei dem starken Gebrauch satanistischer Symbole der Black-Metal-Szene. Die Sadomaso-Szene beeinflußte vor allem den Kleidungsstil der Gothic-

---

[14]Vgl.: Hitzler / Bucher / Niedermacher 2001; S.71

[15]Wenn nicht anders angegeben, wird die Verwendung 50er, 60er, 80er Jahre etc. auf das 20. Jahrhundert bezogen.

[16]Vgl.: Wallraff (2001), S. 25ff.

Szene.[17]

An dieser Stelle soll die Übersicht über die Anfänge und die Entwicklungen der Gothic-Szene abgeschlossen werden. Der Erklärungsteil gibt im besonderen zu den Tendenzen der Szene weiter Auskunft. Nun folgen die Bestimmungen zum Phänomen „Szene" in Abgrenzung zur Subkultur, und die Erläuterung zum Stil- und Zeichenbegriff. Diese drei Bereiche bilden die Basis für die Analyse der Selbstpräsentation.

1.2 Begriffsbestimmung

1.2.1 Szene

Dominierte in den 60er und 70er Jahren des 20. Jahrhunderts noch der Begriff der Subkultur in der Jugendforschung, wird von dieser Klassifizierung seit 1980 immer mehr Abstand genommen.[18] Grund hierfür ist unter anderem der Rückgang der „Klassengebundenheit kultureller Widerstandsformen"[19], die ein wichtiges Merkmal für das Subkulturmodell darstellte. Das Hierachiemodell der sozialen Klassen und Schichten sei allein durch die zunehmende Individualisierung und Pluralisierung der Lebenslagen und -stile unterlaufen und in Frage gestellt worden. Ein weiteres Problem ist nach BAACKE und FERCHHOFF der Anschluß an ältere Theorietraditionen des Begriffs Jugendsubkultur. Aufgrund der Differenzierungs-, Pluralisierungs- und Individualisierungsprozesse seien die Ergebnisse der früheren Untersuchungen (zum Beispiel des CCCS[20]) nicht mehr übertragbar auf die

---

[17]Die Einflüsse, die diese Szenen auf die Gothic-Szene ausgeübt haben, werden in den jeweiligen Stilgebieten noch genauer beschrieben. Eine Untersuchung zu diesen Szenen muß aber gesondert stattfinden, da sie, wie gezeigt, von der Gothic-Szene unterscheidbar sind. Dies ist nicht Aufgabe dieser Arbeit.

[18]Vgl.: Ferchhoff (2000), S. 139.

[19]Baacke / Ferchhoff (1992), S. 430.

[20]Centre for Contemporary Cultural Studies (Birmingham). Der jugendsubkulturelle Ansatz des CCCS, der viel zur Subkulturforschung beigetragen hat, ist

heutigen Verhältnisse. Hinzukommt, daß es laut FERCHHOFF[21] immer schwieriger würde, zwischen den ursprünglichen, authentischen Jugendsubkulturen und ihren Imitationen, Vermischungen und Kommerzialisierungen zu unterscheiden. Gruppierungen können international gesehen unter dem gleichen Erscheinungsbild unterschiedliche Formen von Selbstverwirklichung, Selbständigkeit, Selbstbehauptung und Abhängigkeit haben. Allein die starke Verbreitung von Jugendkulturen führe zu fließenderen Übergängen zur Massenkultur der Erwachsenen, so FERCHHOFF. Es komme zu Mischformen.

Subkulturen wurden allgemein als Strömungen verstanden, die beweglich und provokativ auf die weitgehend kulturell unbewegliche Mehrheitsgesellschaft reagierten. Diese Strömungen sind nun „kulturell verallgemeinert, normalisiert, nivelliert und entdramatisiert"[22] und die kulturellen Ungleichheiten durch die „massenkulturelle und massenmediale Allesverbreitung"[23] aufgeweicht worden.

An dieser Stelle soll nun der Begriff der Szene erläutert werden, der häufig synonym mit dem Begriff der Jugendkultur benutzt wird.[24] Nach HITZLER, BUCHER und NIEDERBACHER[25] sind Szenen thematisch „fokussierte kulturelle Netzwerke von Personen, die bestimmte materiale und/oder mentale Formen der kollektiven Selbststilisierung teilen und Gemeinsamkeiten an typischen Orten und zu typischen Zeiten interaktiv stabilisieren und weiterentwickeln."[26] Das heißt, daß je-

---

klassenkulturell orientiert. Die Forscher gingen davon aus, daß „Kultur stets eine gelebte Praxis einer bestimmten sozialen Gruppierung oder Klasse sei, und so gesehen, sind **Jugendkulturen** auch immer zunächst Untereinheiten einer klassenkulturellen Stammkultur." (Baacke/Ferhoff (1992), S. 426 (Hervorhebung im Original, U.M.)

[21]Vgl.: Ferchhoff (2000), S. 145ff.

[22]Ferchoff (2000), S. 144.

[23]Ferchhoff (2000), S. 144.

[24]Vgl. auch: Hitzler / Bucher / Niederbacher (2001), S. 31 oder vgl.: Zimmermann (2000), S. 15.

[25]Vgl. zum Kapitel „Szene" Hitzler / Bucher / Niederbacher (2001), S. 13ff; S. 211ff.

[26]Hitzler / Bucher / Niederbacher (2001), S. 20. (Hervorhebung weggelassen,U. M.)

de Szene ein Thema hat, auf das die Handlungen der Szenegänger hin orientiert sind. Dieses Thema kann zum Beispiel ein Musikstil oder eine politische Auffassung sein. Es bestimmt nicht den gesamten Alltag des Szenegängers. Es gibt in einer Szene vielmehr eine Art thematischen Rahmen, „auf den sich Gemeinsamkeiten von Einstellungen, Präferenzen und Handlungsweisen der Szenemitglieder beziehen."[27] Wichtig ist hier zu betonen, daß nicht das thematische Feld als solches die Gemeinschaft einer Szene ausmacht, sondern eher die Grenzen zwischen den Szenen anzeigt. Die Autoren nehmen an, daß die **Einstellungen** der jeweiligen Person ausschlaggebend für die Mitgliedschaft in einer Szene sind. Einstellungen haben einen bestimmenden Einfluß auf das Verhalten von Individuen. Unter den Szenegängern müssen also gemeinsam geteilte Einstellungen vorliegen, um von einer Gemeinschaft sprechen zu können.

Eine hohe Bedeutung kommt auch der **Interaktion und Kommunikation** in einer Szene zu. So ist der Fortbestand einer Szene gebunden an die fortdauernde kommunikative Vergewisserung seitens der Mitglieder wie auch an die „ständige kommunikative Erzeugung gemeinsamer Interessen [...]. Im – sinnlich erfaßbaren – Gebrauch szenetypischer Symbole, Zeichen und Rituale inszenieren diese ihre eigene Zugehörigkeit und konstituieren tatsächlich zugleich, sozusagen 'beiläufig', die Szene."[28]

Inwieweit die szenetypischen **Lebensstile** in den Alltag hineinreichen, ist von Szene zu Szene verschieden. So versucht der Szenegänger der „Antifa" sein gesamtes Leben nach der der Szene typischen Auffassung auszurichten, Mitglieder der Techno-Szene besitzen kaum demgegenüber einen vorgegebenen Verhaltenskodex außerhalb des Szenegeschehens. Wichtig ist an dieser Stelle hervorzuheben, daß dieser vorgegebene Verhaltenskodex nicht nur vorgespielt werden darf, sondern

---

[27]Hitzler / Bucher / Niederbacher (2001), S. 21.
[28]Hitzler / Bucher / Niederbacher (2001), S. 21.

sozusagen verinnerlicht sein muß. Der Szenegänger muß sich szenetypische **Kompetenzen** über einen längeren Zeitraum allein angeeignet haben. Das bedeutet, daß er Erfahrungen allein gemacht hat, die aber der Szene entsprechen. Der Gothic liest zum Beispiel allein seine Horrorgeschichten und eignet sich meist auch allein seine melancholische Grundstimmung an. Die Identifikation mit der Szene muß erkennbar sein. So kann der Szenegänger nicht nur Outfit oder Verhaltensweisen kopieren, wie bereits oben beschrieben, sondern er muß

> die 'Magie der (szenespezifischen) Stilisierung beherrschen.
> Hierin besteht der generelle Handlungsmodus kompetenter
> Akteure im Szenekontext: Stilisieren ist ein Handeln mit
> der Absicht, Motive und Einstellungen des Handelns ei
> nerseits zu 'verschleiern', andererseits aber für 'Eingeweih
> te' als sozial kontextualisiert sichtbar zu machen. Stili
> sieren meint das nach (bestimmten, nämlich szenespezi
> fischen) ästhetischen Kriterien selektierte Verwenden von
> Zeichen(-arrangements) mit der Absicht, einen (kulturell
> relativ) kompetenten und zugleich originellen Eindruck zu
> machen.[29]

Die Mitgliedschaft in einer Szene ist jederzeit kündbar. Der Szenegänger bindet sich freiwillig. Wenn nun der Zugehörigkeit zur Szene

> nichts weiter zugrunde liegt als das Interesse am fokus
> sierten Thema und die Orientierung an den approbierten
> Kommunikationsformen und Verhaltensweisen, und wenn
> all dies einhergeht mit nur teilzeitlichen und themenspe
> zifischen Normierungspotentialen seitens des Kollektivs,
> dann dürfte das die Szene als (posttraditionale) Gemein
> schaft begründende Wir-Bewußtsein typischerweise ausge

---

[29]Hitzler / Bucher /Niederbacher (2001), S. 215.

sprochen labil sein. [...] [Das] 'Wir' (-Bewußtsein) konstituiert sich [...] nicht aufgrund vorgängiger gemeinsamer Standes- und Lebenslagen-Interessen, sondern aufgrund des Glaubens an eine gemeinsame Idee beziehungsweise aufgrund der (vermeintlichen) Bestätigung der tatsächlichen Existenz dieser gemeinsamen Idee durch bestimmte Kommunikationsformen und/oder kollektive Verhaltensweisen.[30]

An diesen Kommunikationsformen (Kommunikation wird hier auch als symbolische Kommunikation verstanden, daß heißt man kommuniziert mit der Kleidung, mit Symbolen, aber auch Kommentaren) und Verhaltensweisen (zum Beispiel bestimmte Gestiken) erkennen sich auch einander unbekannte Szenegänger.

Szenegänger befinden sich immer in einer Gruppe mit ihnen bekannten Szenegängern. Diese Gruppen interagieren untereinander, so daß ein „Netzwerk von Gruppen"[31] – die Szene – entsteht.

Jede Szene hat einen Szenekern – die Organisationselite, zu der meist langjährige Szenegänger gehören, die unter anderem Events organisieren und an szeneeigenen Zeitschriften arbeiten. Die Organisationseliten kann man als Motor der Szene verstehen, weil eben von ihnen die für eine Szene so wichtigen Events produziert und weil durch sie Innovationen verbreitet oder sogar von ihnen hervorgerufen werden. Sie haben bestimmte Privilegien in der Szene wie zum Beispiel Backstage-Karten bei Veranstaltungen. Die Organisationselite ist also meist auch beruflich mit der Szene verbunden. Zwei weitere wichtige Gruppen, die sich um die Organisationselite herum bilden, sind zum einen sowohl diejenigen, die sich extrem stark mit der Szene beschäftigen als auch Freunde der Organisationselite und zum anderen ein Stück weiter

---

[30]Hitzler / Bucher / Niederbacher (2001), S. 23.
[31]Hitzler / Bucher / Niederbacher (2001), S. 25.

von der Organisationselite entfernt, die Szenegänger. Diese Gruppen gehören direkt der Szene an. Um die Szenegänger herum, also nicht mehr direkt der Szene zurechenbar, befindet sich das Publikum.

Das Publikum ist zwar immer noch in bestimmter Weise am Szenegeschehen interessiert, nimmt aber eher nur sporadisch an szenetypischen Veranstaltungen teil. So gibt es beispielsweise viele Personen, die nur gelegentlich zu Techno-Veranstaltungen gehen, sich sonst aber nicht weiter mit der Musik beschäftigen. Diese Gruppe wird zum Publikum gezählt. Je regelmäßiger an szenetypischen Aktivitäten teilgenommen wird, desto näher rücken die Personen an die Szene heran.

Wichtig für die Interaktion in einer Szene und deren Wir-Bewußtsein sind **Treffpunkte**, **Events** und **Szene Medien**. Treffpunkte müssen für die Mitglieder bekannt sein, so daß die Szenegänger wissen, an welchem Ort und zu welcher Zeit man Angehörige seiner Szene antreffen kann. Das können zum Beispiel für die Antifa Kulturzentren sein, für Techno-Szenegänger hingegen Partys mit einem entsprechendem Motto. Events sind wichtig, weil sie eine Art Höhepunkt im Szeneleben darstellen. Treffpunkte gelten als alltägliche Interaktionsorte. Events hingegen treten aus dem Alltag heraus und bieten den Szenegängern ein allumfassendes Programm der Szene. All das, was für die Szene interessant ist und sie ausmacht, versuchen die Organisationseliten in einem Event unterzubringen. Gerade für das überlokale Wir-Bewußtsein einer Szene spielen Events eine bedeutende Rolle. Sie sind auch der Grund für die Dynamik der Szenen. Je nachdem, ob die Organisationseliten bei ihrer Eventplanung auf eine Erlebnis-Intensivierung oder Erlebnis-Extensivierung Wert legen, kann es entweder zu einer Ausbreitung und gleichzeitigen Verflachung der Szene oder zu einer engen Bindung unter nur wenigen Szenegängern kommen. Bei einer Erlebnis-Intensivierung wird versucht, den Nutzerkreis des Events quantitativ einzuschränken. Hierbei erhält derjenige Nutzer, der an dem Event teilnehmen kann, dafür eine starke Bindung an das Angebot. Wenn

18

versucht wird, möglichst viele Nutzer zu einem Event zuzulassen (bei der Erlebnis-Extensivierung), nehmen diese es eher beiläufig wahr, das Angebot verliert an Bindungskraft, und der Erlebniswert verflacht.

Neben den Treffpunkten und Events spielen auch in der Szene die internen Medien eine große Rolle. Hiermit sind keine sogenannten „Publikumszeitschriften"[32] wie zum Beispiel die *Bravo* gemeint, die keine oder nur wenige Äußerungen der Rezipienten zulassen, sondern Zeitschriften, die von Szenemitgliedern (Organisationselite) für Szenemitglieder produziert werden. So besteht allein schon bei der Gothic-Szene ein großer Anteil des Szenemagazines *Zillo* aus Kontaktanzeigen der Szenemitglieder.

Im weiteren Verlauf der Arbeit werden die Begriffe Szene sowie Jugendkultur für das Phänomen der Gothics gewählt, da sie für diese Gemeinschaftsform die aktuellsten und sinnvollsten Bezeichnungen sind. Alle nach HITZLER / BUCHER / NIEDERBACHER eine Szene ausmachenden Punkte treffen zu im Falle der Gothics. Sie verfügen über ein langfristig erworbenes Wissen (Kompetenz), ihre Einstellung wird deutlich, sie handeln nicht zweck- sondern wertrational, die Szenemitgliedschaft macht einen dominanten Teil in ihrem Leben aus (es existiert ein Lebensstil der Gothics), es existieren Treffpunkte, Events und interne Medien.[33] Über diese einzelnen Punkte gibt das Kapitel „Erklärungsansatz" aber noch weiter Auskunft.

Im nächsten Teil soll es im ersten Schritt noch einmal genauer um den Lebensstilbegriff gehen und im zweiten Schritt um den Stilbegriff, der innerhalb der Szenen wichtig geworden ist.

---

[32] Hitzler / Bucher / Niederbacher (2001), S. 219.
[33] Vgl.: Hitzler / Bucher / Niederbacher (2001), S. 220.

1.2.2 Lebensstil / Stil

Lebensstile verraten sichtbar etwas über die Lebensführung von bestimmten Personen, Bevölkerungsteilen oder ganzen Gesellschaften.[34] Sie sind als die „'ästhetische' Überformung des Lebensvollzugs [zu verstehen.] [...] Einen Lebensstil zu haben heißt demgemäß, die verschiedenen Lebensbereiche und damit auch Zugehörigkeiten zu sozialen Formationen im Lebensvollzug 'zusammenzubasteln' und so ein individuelles Gesamtarrangement zu erzeugen."[35] Sie hängen sowohl von Werthaltungen als auch von kulturellen sowie materiellen Ressourcen ab. Die Ressourcen machen wiederum die Lebenschancen aus, bestimmen die Options- und Wahlmöglichkeiten.[36] Die Werthaltungen hingegen verorten „die vorherrschenden Lebensziele, prägen die Mentalitäten und kommen in einem spezifischen Habitus zum Ausdruck. [...] Die Wahl eines Lebensstils ist unter dem herrschenden Individualisierungsdruck [...] einerseits notwendig, andererseits aber auch nicht völlig frei."[37] Noch immer ist es strittig, inwiefern Lebensstile von der sozialen Lage abhängen. Der Lebensstil wird aus einer Vielzahl von Lebensstilangeboten ausgesucht. Dabei ist der Selegierer selbst auch Stilisierender. Er kann den Lebensstil wie vorgegeben übernehmen oder ihn sich selber zusammenstellen. Wurde sich ein Lebensstil angeeignet, wird er im weiteren Verlauf als Filter für soziale Sinnangebote dienen.[38] Ein Lebensstil gibt einen bestimmten Habitus und eine Lebensform vor, die von den Mitgliedern einer Stilgemeinschaft geteilt werden. Lebensstile wirken allerdings nicht mehr

---

[34]Vgl.: Hillmann (1994), S. 477.

[35]Hitzler / Bucher / Niederbacher (2001), S. 34.

[36]Vgl.: Vollbrecht (1997), S. 24.

[37]Müller, H.-P.: Sozialstruktur und Lebensstile. Zur Neuorientierung der Sozialstrukturforschung, in: Hradil, S. (Hrsg): Zwischen Bewußtsein und Sein. Die Vermittlung „objektiver" Lebensbedingungen und „subjektiver" Lebensweisen, Opladen 1992, S.62. zit. n. Vollbrecht (1997), S. 24.

[38]Vgl.: Vollbrecht (1997), S. 24.

ganzheitlich, identitätsfixiert und homogen.[39] So ist es heute unter anderem durch die Lockerung der Grenzen zwischen den Szenen möglich, mehreren Jugendkulturen gleichzeitig anzugehören.[40]

Stil

Wie bereits oben beschrieben, sind die Jugendkulturen beziehungsweise Szenen heute durch den Lebensstil gekennzeichnet. Was man unter Lebensstil versteht, wurde erläutert. Nun soll noch einmal genauer untersucht werden, was „Stil" konkret bedeutet und welche Funktion er in der Szene hat.

Allgemein kann man sagen, daß Stil klassifiziert. Darunter versteht man auch ein geschlossenes Erscheinungsbild. Er zeigt an, daß es bestimmte, immer wiederkehrende Prinzipien der Gestaltung gibt. In seiner Einheit trägt er zu Unterscheidungen und Abgrenzungen zu anderen bei.[41] Stil haben heißt, die Fähigkeit zu besitzen, eine bestimmte Interpretation seines Selbstbildes zu kreieren und anzugeben. Hierbei ist es allerdings nicht mehr notwendig, so VOLLBRECHT[42], diese Interpretation in Worte zu fassen oder seinen Stil zu begründen. Wie wichtig heute die ästhetische Komponente geworden ist, wird deutlich in BAACKES Beobachtung der Tendenz „von einer Überbetonung der Appellfunktion zu einer Überbetonung der Ausdrucksfunktion"[43].

Stil gibt nach dem Lebensstilansatz nicht nur an, daß man zu einer bestimmten Gemeinschaft gehört, er drängt auch zu einem bestimm-

---

[39]Vgl.: Ferchhoff (2000), S. 153- 154.
[40]Möglich ist dies allerdings nur in Szenen mit vielen Anhängern, die man schon als dem Mainstream zugehörig betrachten kann. So ist der Wechsel zwischen trendigen Sportszenen (Skater, Surfer etc.) durchaus „erlaubt", ein Wechsel zwischen kleinen Szenen wie z.B. Gothics, Skins ist unüblich und wird von den Szenemitgliedern nicht geduldet und mit fehlender Anerkennung bestraft. (Vgl.: Farin (2003), S. 79.)
[41]Vgl.: Richard (1995), S. 100.
[42]Vgl.: Vollbrecht (1997), S. 25.
[43]Baacke (1993), S. 187. (Hervorhebung weggelassen, U.M.)

ten Habitus und einer bestimmten Lebensform. So ist zu Stil nicht nur das Outfit zugehörig, sondern er spielt unter anderem genauso bei Sprache, Umgangsformen, Tanz und Musik eine Rolle.

Welche Bedeutung hat nun die Kleidung als Stilelement? HEBIDGE unterscheidet in seiner Analyse zwischen normalen und abweichenden, zwischen bewußt über Kleidung kommunizierenden und sich einer natürlichen Ordnung unterstellenden Personen. So wird nach HEBIDGE bei einer nicht beabsichtigten Kommunikation über Kleidung trotzdem über diese eine Fülle von Botschaften übermittelt, so zum Beispiel über „Klasse und Status, Selbstbild und Attraktivität".[44] Hierzu muß allerdings gesagt werden, daß es heute nur noch schwer möglich ist, über die Kleidung zu erkennen, welchen Status oder welche Klasse eine Person hat. Die Mode hat, wie FERCHHOFF / NEUBAUER erläutern, „die gesellschaftlichen Ungleichheiten, Hierarchien und Herrschaftsverhältnisse, die hinter dem Rücken der Mode selbstverständlich bestehen bleiben, [...] ein Stück weit [...] eingeebnet".[45]

Soll aber absichtlich über Kleidung kommuniziert werden, so liegt nach HEBIDGE eine bewußte Konstruktion der Kleidung vor. Die so kommunizierenden Personen zeigen durch ihre Kleidung den Gebrauch und Mißbrauch von Kodes beziehungsweise die Kreation von eigenen. Sie setzen Kleidung und Symbole anders ein, bringen sie in einen anderen Zusammenhang, „indem sie ihren konventionellen Gebrauch untergraben und neue Gebräuche erfinden. [...] [Aufgrund dessen steht hinter den Stilen der auffälligen Szenen der Sinn], einen bedeutungsvollen Unterschied (und parallel dazu eine Gruppenidentität) mitzuteilen."[46] Wenn eine solche Verwendung eines Gegenstands, Stiles oder einer Mode in einem anderen Kontext demonstrativen und gestischen Cha-

---

[44]Hebidge (1983), S. 93.
[45]Ferchhoff / Neubauer (1997), S. 102.
[46]Hebidge (1983), S. 93. (Hervorhebung weggelassen, U.M.)

rakter hat, spricht man von **Bricolage**.[47]

Unter Verweis auf STUART HALL schildert HEBIDGE, daß der Stil einer Subkultur Aspekte des Gruppenleben, nämlich ihre zentralen Werte widerspiegelt[48]. Die „symbolischen Objekte – Kleidung, Auftreten, Sprache, rituelle Treffen, Interaktions- und Musikstile – [ergeben] mit den Beziehungen, Situationen und Erfahrungen der Gruppe eine Einheit."[49] Diese Beziehungen werden auch 'homologe Beziehungen'[50] genannt. Sie geben Auskunft über die „symbolische Stimmigkeit zwischen den Werten und dem Lebensstil einer Gruppe, zwischen den subjektiven Erfahrungen und den Musikformen [...]."[51] HEBIDGES Analyse der Bedeutung des Stiles bezieht sich noch auf die Formierung „Subkultur". Inwieweit die aufgeführten Bestimmungen auch auf die Gothic-Szene übertragbar sind, soll im Fazit des Erklärungsansatzes beantwortet werden.

Zuvor wurde beschrieben, daß der Stil zu einer Unterscheidung und Abgrenzung beiträgt. Bezieht man dies auf Szenen, wird deutlich, daß der Stil einer Szene hier auch die Funktion der Abgrenzung zu anderen Szenen hat. Wie bildet sich ein Stil einer Szene heraus? RICHARD führt an, daß der Stil einer Szene häufig von nur einigen kreativen Personen (meist aus einem künstlerischen Zusammenhang kommend) 'gemacht' ist.[52] So war beispielsweise der Sänger von *The Cure* ausschlaggebend für den Trend der hochtoupierten, zerzausten Haare der Gothics der 80er Jahre.

Wichtig nach RICHARD ist beim Verständnis des Stiles von Szenen, daß sie das Basismaterial zur Stilbildung aus der Kultur nehmen, oder

---

[47]Vgl.: Baacke (1993), S. 191.
[48]Vgl.: Hebidge (1983), S. 106.
[49]Hebidge (1983), S. 106.
[50]Den Begriff verwendete erstmals Paul Willis auf die Subkultur, vgl. Hebidge (1983), S. 105.
[51]Hebidge (1983), S. 105.
[52]Vgl.: Richard (1995), S. 102.

noch genauer, die Zeichen, mit denen die Szenen arbeiten, müssen der
Gesellschaft bekannt sein. Neu erfundene Zeichen haben keinen Sinn,
in dem Sinne, daß sie nicht von der Gesellschaft verstanden werden
und somit auch nichts bewirken.[53] Allerdings muß dazu gesagt werden, daß auch RICHARD immer noch den Begriff der Subkultur für
das Phänomen der Szene verwendet. Mit dieser These nimmt sie an,
daß alle Subkulturen etwas in der Gesellschaft bewirken wollen, indem sie zum Beispiel durch ihren Stil schockieren. So setzt sie weiter
voraus, daß Subkulturen in ihrem Stil eine Ästhetik entwickeln, die „eine direkte Herausforderung der gesellschaftlichen Mächte ausdrücken
soll. Stilbildung ist das Aufspüren und die Präsentation von erfahre-
nen Widersprüchen auf unterschiedlichen sinnlichen Ebenen."[54] Inwieweit dies allerdings auch auf die neueren Formen der Szene zutrifft,
ist fraglich. Was die Szene der Gothics betrifft, so hat sie zumindest
mit der Aussage recht, daß die Zeichen in der Gesellschaft bekannt
beziehungsweise tradiert sind. Ob die Gothics mit ihnen provozieren,
etwas bewirken wollen, warum sie sie verwenden, soll aber erst im Erklärungsansatz zur Sprache kommen. Im nächsten Teil wird der Blick
auf die Erfassung des Phänomens „Zeichen" gelenkt. Wie beschrieben,
dreht sich der Abschnitt "Selbstpräsentation" um die Analyse der Themen und Zeichen, die die Szenemitglieder nach außen darstellen und
die im Stil der Gothics erkennbar werden.

1.2.3 Semiotik

Es gibt mehrere Richtungen, wie Zeichenprozesse erklärt werden
können. ECO versuchte, das gesamte Spektrum der Zeichenprozesse
zu erfassen, BARTHES beschränkte sich nur auf codierte Zeichensys-
teme und SOTTONG / MÜLLER nur auf Kommunikation als Untersu-

---

[53]Vgl.: Richard (1995), S. 103.
[54]Richard (1995), S. 102.

chungsgegenstand der Semiotik.[55] Wie sehen die Zeichendefinitionen
dieser drei Richtungen aus? Nach Eco ist ein Zeichen alles, „was aufgrund einer vorher festgelegten sozialen Konvention als etwas aufge-
faßt werden kann, das für etwas anderes steht."[56] Es handele sich nur
dann um ein Zeichen, wenn es „als mögliche Interpretation durch einen
möglichen Interpreten zu verstehen ist."[57] Eco bezieht natürliche Zeichen in seine Zeichentheorie insofern ein, daß sie „kulturell anerkannt
und systematisch codiert"[58] sein müssen, wie zum Beispiel die roten
Flecken eines Patienten, die der Arzt mit Hilfe seines medizinischen
Werkes, in dem diese in Zusammenhang mit der Krankheit Masern
aufgeführt waren, als Zeichen der Krankheit erkennt. Auch Handlungen, deren Zeichenhaftigkeit vom Handelnden nicht beabsichtigt war,
können nach Eco zu Zeichen werden.[59] Barthes gibt an, daß „die
Funktion eines Objektes immer zumindest zum Zeichen dieser Funktion"[60] wird. Sie transportieren aber auch Sinn, der unabhängig von
der Funktion des Objektes[61] ist. Ein Objekt läßt mehrere Lesarten zu,
es ist polysemisch, je nach Kenntnissen und kulturellem Niveau der
Leser. Barthes benutzt einen ähnlich weiten Zeichenbegriff wie Eco.
Sottong / Müller[62] hingegen fassen den Zeichenbegriff sehr eng.
Ihnen folgend stehen Zeichen weder in einer ursächlichen, zeitlichen
noch in einer räumlichen Beziehung zum Bezeichnenden. Sie sind im
Gegensatz zu Nicht-Zeichen kulturell kodiert, das bedeutet, daß zum
Beispiel Dinge und Gesten mit dem Ziel, Kommunikation zu ermögli-
chen, mit einer Bedeutung versehen werden. Nicht-Zeichen wie Sym-

---

[55]Vgl.: Posner (2003), S. 42.
[56]Eco (1989), S. 27. (Hervorhebung weggelassen, U.M.)
[57]Eco (1989), S. 27. (Hervorhebung weggelassen, U.M.)
[58]Eco (1989), S. 28.
[59]Vgl.: Eco (1989), S. 28, 29.
[60]Barthes (1988), S. 190.
[61]Als Objekt definiert Barthes „etwas, das zu etwas dient". (Barthes (1988), S. 189.)
[62]Vgl.: Sottong / Müller (1998)

ptome haben nach SOTTONG / MÜLLER nicht den Zweck, der Kommunikation zu dienen. Diese Nicht-Zeichen, zu denen auch Anzeichen[63] zählen, werden bei den anderen Autoren in den Zeichenbegriff miteinbezogen. Wichtig für die Zuschreibung eines Zeichens ist bei ECO und BARTHES nur, daß Zeichen kulturell festgelegte Bedeutungen tragen, sie auf Übereinkünften beruhen. Der weit gefaßte Zeichenbegriff wird auch in dieser Arbeit verwendet. Die Unterscheidung zwischen Signifikant („(materieller) Vermittler des Signifikats"[64] oder Zeichenträger) und Signifikat (Bedeutung oder semantische Einheit) ist bei allen genannten Ansätzen vorzufinden. Die Verbindung beider stellt das Zeichen dar.

Wichtig für diese Arbeit ist weiterhin, daß Objekte polysemisch sind. Das bedeutet nicht nur, daß Objekte je nach situativem Kontext, in dem sie sich befinden, anders gelesen werden können, sondern auch, daß sie, je nach Person, ihren Vorkenntnissen und Erfahrungen, unterschiedlich verstanden werden. So bedeutet das Hakenkreuz an einem Punk für ihn nicht, daß er rechtsextrem ist, sondern in seiner Selbstdefinition als „Spiegel der Gesellschaft"[65] werden die Anderen, die „Normalen", als Faschisten betitelt. Dieses Symbol steht bei einem Punk in Verbindung mit für Rechtsgesinnte untypischen und abgelehnten Äußerlichkeiten wie bunte Haare, ungepflegtes Erscheinungsbild und zerlöcherte Kleidung. In diesem Kontext kann das Hakenkreuz für einen Kenner der Punk- sowie der rechtsextremen Szene wie oben gedeutet werden. Besitzt der Leser die Kenntnisse aber nicht, ist durchaus die Deutung möglich, es handele sich bei dem Punk um einen Rechtsextremen. Problematisch ist die gute Zugänglichkeit von Zeichen für Szenen. Durch die allgemeine Nutzung spezieller Zeichen

---

[63]Ein Anzeichen hängt im Gegensatz zum Zeichen ursächlich, materiell, zeitlich oder räumlich konkret mit dem Bezeichneten zusammen. Das Anzeichen für Feuer ist zum Beispiel Rauch. Rauch ist in diesem Fall kein Zeichen.

[64]Barthes (1983), S. 42.

[65]Sottong / Müller (1998), S. 147.

einer Szene verlieren diese Zeichen an Bedeutung. Die Szene muß sich neue Zeichen suchen, um sich abgrenzen zu können. Dies ist ein Grund für die hohe Fluktuation von Zeichen. Wer abweichend wahrgenommen werden will, muß extreme Zeichen verwenden, die von anderen nicht benutzbar sind. Eine solche Möglichkeit haben beispielsweise die Punks für sich entdeckt. Das Hakenkreuz, ein sanktioniertes Zeichen, wurde nicht im Zuge des Punk-Hypes vermarktet.[66]

Wenden wir unseren Blick nun auf die soziosemiotischen Trends der Gegenwartskultur. Visuell „und öffentlich wahrnehmbare Merkmale und Zeichen wie Mode, Accessoires, Frisur, Schmuck [können] in und zwischen sozialen (Sub-)Systemen die Funktion haben [...], Zugehörigkeit und Nicht-Zugehörigkeit, Ab- und Ausgrenzung, bestimmte, von allen Mitgliedern der Kultur gewußte Positionen und Aufgaben, aber auch Status, Einstellungen bis hin zu Zustimmung oder Opposition zu kommunizieren."[67] Der Grad der Zeichenhaftigkeit kann aber variieren. Es existiert eine hohe Fluktuation von Zeichen. Sie bewirkt eine Reduzierung der Soziozeichen auf ihre Signifikantenseite. Ursprüngliche Kontexte und Bedeutungen werden in diesem Fall nicht mehr mittransportiert. Die Folgerbarkeit von Zeichen auf Bedeutungen und Inhalte werden immer weiter aufgelöst. So sind zum Beispiel die Dreadlocks, die ursprünglich ein Zeichen der Reggae-Kultur waren, heute zur Mode geworden. Ein Jugendlicher kann mit dieser Frisur nicht mehr mit den Idealen der Reggae-Kultur verbunden werden.

Betrachtet man nun die Menge der Szenen[68] und ihrer Zeichen, die heute existieren, so liegt die Vermutung nahe, daß nicht mehr jede Person im Stande ist, die Zeichen zu unterscheiden beziehungsweise sich auf die Deutung der Zeichen durch die Szenen einzulassen.

---

[66]Vgl.: Sottong / Müller (1998)

[67]Sottong / Müller (1998), S. 148.

[68]Farin hat eine Liste von über 100 Szenen zusammengestellt, wovon mindestens 100 Szenen heute noch vorfindlich sind. (Vgl.: Farin (2003), S. 70.)

Es kommt zu unterschiedlichen Interpretationen der Zeichen und somit auch zu unterschiedlichen Interpretationen der Szene. Wenn man analog zu Luhmann[69] annimmt, daß unser gesamtes Wissen über die Gesellschaft aus den Massenmedien stammt, erhalten die Massenmedien an dieser Stelle eine besondere Bedeutung, denn Massenmedien stellen Szenen in einen Kontext und liefern Deutungen der Zeichen der Szene. Aber hierzu mehr im Teil Fremdpräsentation.

Der zweite Teil dieser Arbeit beschäftigt sich mit dem, was die Szene nach außen zeigt, nämlich mit ihrem Stil. Es sollen die Sprache, Musik, Tanz, Kleidung und Accessoires, Wohnungseinrichtung, Treffpunkte und Szenezeitschriften sowie Internetseiten der Gothics untersucht werden. Ziel dieses Abschnittes ist es, anhand der Selbstpräsentation der Szene herauszufinden, welche Themen in der Szene vorherrschen und was die Szenemitglieder nach außen tragen, was also für das Umfeld erkennbar ist. Diese Themen werden anhand der Betrachtung der Zeichen der Szene, die sichtbar in der Kleidung, den Symbolen, den Treffpunkten und den Events sind, sowie mittels der Auflistung der Themenschwerpunkte in den Szenemagazinen und auf den Internetseiten der Szene herausgearbeitet. Die Bedeutung eines jeden Zeichens wird, wenn nicht anders angegeben, zunächst in seinem historischen Kontext aufgeführt. Sind Abweichungen zwischen dem szenetypischen gegenüber dem tradierten Verständnis bekannt, erfahren sie jeweils gesondert Erwähnung. Hier ist allerdings besonders das tradierte Verständnis relevant, um zeigen zu können, welche Zeichen Gothics mit dieser eher allgemein bekannten Bedeutung nach außen präsentieren, welches Bild sie von sich erzeugen.[70] Wie mit den anhand der Auflistung der Bedeutung der Zeichen sichtbar gemachten Themen in der Szene umgegangen wird, welche Rolle zum Beispiel das Thema

---

[69]Vgl.: Luhmann (1996), S. 9.
[70]Inwieweit die tradierten Bedeutungen den Szenemitgliedern allerdings geläufig sind, ist fraglich.

Satanismus in der Szene spielt, soll erst im darauffolgenden Abschnitt, dem Erklärungsansatz, erläutert werden.

2 Selbstpräsentation

2.1 Sprache

In diesem Kapitel ist nicht die Rede von der Szenesprache der Gothics
sondern von Modebeschreibungen in Szenekatalogen. BARTHES hat
in seinem Werk „Die Sprache der Mode"[1] die hohe Zeichenhaftigkeit
der Sprache der Mode beschrieben. „Einzig die geschriebene Kleidung
erfüllt keinerlei praktische oder ästhetische Funktion mehr: sie ist voll-
kommen im Hinblick auf eine Bedeutung geschaffen."[2] Während das
Bild (zum Beispiel Photographie der Mode) dem Leser eine Wahl in
der Betrachtung und Bedeutungszuordnung läßt (zum Beispiel Fixierung auf den Ärmel), läßt die Sprache dem Leser diese Wahl nicht.
Sie gibt eine Sichtweise vor (zum Beispiel Fixierung auf den Kragen)[3].
Diese Aussage ist für die Arbeit insofern relevant, als daß mit Hilfe
einer Analyse der Sprache der Mode der Gothic-Szene leicht wichtige,
die Szene bestimmende Elemente erkennbar werden.
Die Sprache der Mode in der Gothic-Szene haben SCHMIDT und JANA-
LIK unter Zuhilfenahme des Versandkataloges Xtra „Undergroundfa-
shion" vom April 2000 untersucht. Mit ihrer Analyse deckten sie neun
immer wiederkehrende Themen auf, denen die Kleidungsbeschreibun-
gen des Kataloges zugeordnet werden konnten.[4]

---

[1]Vgl.: Barthes (1985)

[2]Barthes (1985), S. 18. BARTHES meint hiermit, daß nur das was über die Kleidung
geschrieben wird, also die Wörter „keinerlei praktische oder ästhetische Funktion
[. . .]" mehr erfülllen.

[3]Vgl.: Barthes (1985), S. 23.

[4]Zu diesem Kapitel „Sprache" vgl. Schmidt / Janalik (2000), S. 32ff

Vergangenheit	„Amadeus-Hemd", „Avalon-Satinhemd", „Princess-Top", „Lack-Marquise-Corsage"
Krankheit, Tod, Trauer	„Morbid-Samt-Rock", „Morticia-Rock", „Widow-Langrock", „Tarantula-Spitzentop", „Belladonna-Samtkleid".
Leben	„Amon-Fetzenrock" (nach amun, dem „altägyptischen Gott der Fruchtbarkeit und Zeugung"[5]), das T-Shirt „Spawn"
Raub, Kampf, Krieg	„Satin-Piratenhemd", „Combat-Skirt"
Dunkles, Unheilvolles, Unstetes	„Darkling-Samthemd", „Sinister-Mantel", „Maniac-Samtgehrock"
Unfreies, Willenloses, Abweichendes, Fluch	„Bondage-Jacke", „Mistress-Lackrock", „Bitch-Top", "Curse-Minikleid"
Geister, Gespenster, Zauberer, Hexen	„Wizard-Netzshirt", „Elfenkleid"
Teufel, Hölle, Dämonen	„Lucia-Samttop", das T-Shirt „Inferno"
Gott, Himmel, Engel	„Celestin-Samtrock", „Lace-Angel-Samtkleid"

Diese neun Kategorien sollen im folgenden anders geordnet werden. Kapitel eins unter "Vergangenheit", Kapitel zwei unter

---

[5]Schmidt / Janalik (2000), S. 35.

„Vergängliches" (der Begriff Trauer wird aus dieser Kategorie genommen, da er in einer weiteren Kategorie eingeordnet wird), drei unter "Werdendes", Kapitel vier unter „Gewalt", Kapitel fünf unter „Grauen", sechs „Willenlos" (in diesem Kapitel spielt auch ein sexueller Kontext eine Rolle – Sadomasochismus), Kapitel sieben unter „Mystizismus"[6], Kapitel acht und neun ließe sich unter dem Begriff „Religion" fassen und als extra Kapitel ergibt sich der Bereich „Extreme Gefühle", in der auch das Gefühl "Trauer" Platz findet. Obwohl die Religion eine spezielle Form des Mystizismus darstellt, soll sie hier extra aufgeführt werden, um zu verdeutlichen, an welcher Stelle es sich um einen explizit religiösen Glauben / um religiöse Zeichen handelt und wann nicht. Für die weitere Einteilung der Zeichen und Themen soll das Thema „Satanismus", das hier in Kapitel neun zum Ausdruck kommt, gesondert betrachtet werden, da dieser Glaube im Gegensatz zu anderen Religionsformen außerhalb der Szene als abweichend empfunden wird. Wie bereits beschrieben, spielt er eine wesentliche Rolle bei der Zuschreibung durch die Massenmedien. Inwieweit sich diese Themen noch durch die anderen Stilkomponenten ziehen, und welchen Zusammenhang sie haben beziehungsweise welcher Herkunft sie sind, wird sich in den nächsten Kapiteln zeigen. Als zweite Stilkomponente soll nun die Kleidung untersucht werden.

2.2 Kleidung

Stil haben heißt, wie bereits oben beschrieben, die Fähigkeit zu besitzen, eine bestimmte Interpretation seines Selbstbildes zu kreieren und anzugeben. Diese Interpretation muß aber heute nicht mehr in Wor-

---

[6]Unter Mystizismus versteht man die „Verehrung des Mystischen im Sinn des Rätselhaften, Dunklen [einen] Hang zum Verschwommenen, Unklaren, Wunderglaube" Philosophielexikon (1991), S. 440. Die negative Konnotation soll hier nicht von Bedeutung sein.

te gefaßt beziehungsweise der Stil begründet werden.[7] Gerade bei der
Darstellung der Interpretation seines Selbstbildes nach außen, spielt
die Kleidung eine besondere Rolle. Sie vermittelt sofort bestimmte Botschaften über die Person. Szenemitglieder kommunizieren zum
einen untereinander über ihre Kleidung, sie teilen aber zum anderen
auch mit Hilfe ihrer Kleidung Szenefremden etwas mit. Ein auf der
Straße Vorbeieilender kann schon bei der kurzen Betrachtung der ihm
unbekannten Person und der Kleidung mit den über die Kleidung ver-
mittelten möglichen Botschaften konfrontiert werden. Mit dem Kleidungsstil einer Person, dem Teilbereich des Lebensstiles, kommen also
die meisten Menschen in Kontakt. Die Teilbereiche Sprache, Musik,
Wohnraum etc. sind hingegen nicht jedem zugänglich beziehungsweise
erst nach etwas längerer Beschäftigung mit diesem Menschen oder mit
der Szene. Aus diesem Grunde ist die Untersuchung des Kleidungsstils
der Gothics für das Thema Selbstpräsentation auch besonders wichtig.
Kleidung gibt nicht nur Unterscheidungen und Abgrenzungen zu anderen an. HEBIDGE hat deutlich gemacht, daß man über seine Kleidung absichtlich kommunizieren kann. Das geschieht, wenn man die
Kleidung künstlich herstellt, die Kleidung und Symbole also anders
einsetzt und in einen neuen Zusammenhang bringt, was als Bricolage
verstanden wird. Bricolage ist eine wichtige Gestaltungsform der Kleidung in der Gothic-Szene.

Wie bereits in der Einführung beschrieben, hat sich die Gothic-Szene
stark gewandelt. Diese Wandlung hat auch beim Kleidungsstil stattgefunden. In einem kleinem Exkurs soll nun die Bekleidunsstrategie
der Vorläufer der Gothic-Szene vorgestellt werden, die die Kleidung
der heutigen Szene enorm beeinflußt hat[8].

---

[7]Siehe Kapitel Stil
[8]Zum Kapitel Kleidung, wenn nicht anders angegeben, vgl.: Schmidt / Janalik
(2000), S. 42-82.

Exkurs: Die Kleidung der Vorläufer

	Elemente	Bekleidungsstrategie
Punks	Zerlöcherte, geflickte Jeanshosen, schwarze Lederjacken, zerrissene T-Shirts, (Netz-)Strumpfhosen, sichtbares Tragen von Unterwäsche und Fetischen wie Strapse, Korsetts, Accessoires wie Hundehalsbänder, Rasierklingen, Verzierung der Kleidungsstücke mit Aufnähern zum Beispiel mit Hakenkreuz sowie Sicherheitsnadeln, Verwendung von Sicherheitsnadeln als Piercings, buntgefärbte Haare im Irokesenschnitt	Spiel mit Kleidungsmerkmalen des anderen Geschlechts Kommunizierung ihres Wertesystems über das Outfit Umdeutung und Zerstörung von tradierten Bedeutungen von Symbolen durch Verwendung der Kleidungselemente in Bricolage-Manier
New Waver	Anzugjacken im Stil der 50er Jahre (breite Schultern, schmale Revers), spitze, schwarze Schuhe, weite, nach unten enger werdende Hosen, hochtoupierte, schwarzgefärbte Haare mit ausrasiertem Nacken und Seiten und einer ins Gesicht gezogenen Strähne (Turmfrisur), gepflegte Erscheinung, androgyn wirkendes Make-up (harte Konturen, zum Beispiel in Form von Dreiecken), weibliche Accessoires wie Perlenketten oder lange Ohrringe[9]	Karikierung des sehr männlichen Kleidungsstils der korrekten Angestellten der 50er Jahre, Spiel mit Geschlechterrollen, Simulation des Normalen auf ironische Weise

---

[9]Vgl.: Wallraff (2000), S. 23.

New Romantics	Orientierung des Kleidungsstils an dem vergangener Stilepochen (zum Beispiel Rokoko, Romantik), Rüschenhemden, weite, wallende mit vielfältiger Ornamentik verzierte Röcke und Hosen, viel Schmuck, auffälliges, farbenfrohes Make-up, Frisur im Stil der Punks Glamouröse, starker Kontrast zum Stil der Punks durch das Weiche und Glamouröse des Kleidungsstils der New Romantics, erhielten Bezeichnung „Anti-Punks"	„Revivaln des Glamourösen vergangener Zeiten"[10].
80er Jahre	schwarze Kleidung, lange Mäntel, Vampirumhänge, spitze Schuhe und Schnallenschuhe, schwarzgefärbte, hochtoupierte Haare, viel silberner Schmuck, viele Symbole, bleichgeschminktes Gesicht mit kontrastierenden schwarz gezeichneten Augen, fetische, historische, religiöse und okkulte Elemente im Kleidungsstil	„Inszenierung des Horrors"[11]

---

[10]Schmidt / Janalik (2000), S. 47.
[11]Schmidt / Janalik (2000), S. 47.

Auch wenn die Beschreibung des Kleidungsstils der 80er Jahre Gothics auch noch auf die heutigen Gothics zutrifft, so gibt es doch Unterschiede zwischen dem Outfit der Gothics aus den 80ern und der Gothics von heute. Hierbei treten besonders die geringere Verwendung von Schmuck und weißem Make-up in den Gesichtern bei den heutigen Gothics hervor. Für die 90er Jahre ist die Zunahme an sexueller Offenheit auch in der Kleidungsfrage auffällig. So sind das Lack-, Leder-, Latexoutfit, der SM-Look und ein androgynerer Stil (bis hin zum Transvestitenstil reichend) sowie, im Kontrast dazu, auch ein stark männlich / weiblich polarisierender Stil hinzugekommen. *Doc Martens* und Plateau Stiefel wurden zur Schuhmode, das Haar wird heute eher lang getragen und an den Seiten ausrasiert. Aber das sind nur Tendenzen.

Nach diesem Exkurs sollen nun die unterschiedlichen Kleidungsstile untersucht werden, die heute bei den Szenemitgliedern vorzufinden sind. Dieser Abschnitt ist in drei Teile untergliedert. Zu Beginn wird in einem Exkurs zur Farbe Schwarz ein wichtiges, die Kleidung und ihre Wirkung bestimmendes Element analysiert, danach erfolgt die Beschreibung der verschiedenen Kleidungsstile und im letzten Teil werden die Symbole und ihre Verwendung in der Szene erläutert.
Die Farbe Schwarz ist nicht nur die wichtigste Farbe der Gothics bei Kleidung, Make-up, Wohnraumgestaltung und Medienästhetik[12], sondern bestimmt auch das Lebensgefühl der Szene, was unter anderem durch die selbstgewählte Bezeichnung *Schwarze* deutlich wird. Im folgenden Abschnitt soll ein kurzer Rückgriff auf die Geschichte der Kleiderfarbe sowie auf die Bedeutung, die Zeichenhaftigkeit der Farbe Schwarz vorgenommen werden.

---

[12]Zu Wohnraumgestaltung und Medienästhetik siehe die entsprechenden Kapitel

Exkurs: Die Farbe Schwarz

Wie wird unabhängig ihrer Verwendung (zum Beispiel als Kleiderfarbe) die Farbe Schwarz in unserem Kulturkreis wahrgenommen? SCHMIDT / JANALIK führen an, daß die schwarze Farbe fast ausschließlich mit negativen Vorstellungen assoziiert wird. Im Alltagsverständnis ist sie mit dem Bösen (schwarze Seele), der Trauer (Trauerkleidung), dem Pessimismus (Schwarzsehen), dem Tod (die Pest, die als schwarzer Tod dargestellt wird), der Macht (Amtsroben, aber auch schwarze Lederjacken der Polizei, SS etc.), der Illegalität (Schwarzarbeiter) und dem Unglück (den schwarzen Peter ziehen, die Karte des Verlierers) besetzt. Auch nach neueren Untersuchungen zur Wirkung von Farben wird deutlich, daß die Farbe Schwarz immer noch mit negativen Gefühlen und Assoziationen von Trauer, Tod, Macht, Magie (im Sinne schwarzer Magie), Unmoral, Abgrenzung, Einsamkeit, Enge und Schwere verbunden wird.[13] BECKER führt noch weitere Konnotationen wie das Abgründige, Undifferenzierte, das „Urchaos" und in Form der Trauerfarbe den resignierenden Schmerz an.[14]

Farben werden erst durch einen „historischen sozio-kulturellen Kontext" zu einem Bedeutungsträger.[15] Wie sahen nun die Verwendungsarten der schwarzen Farbe in der Geschichte aus? Schwarz war die Farbe der Trauer (ab dem 13.Jhd.), der Armut und des niederen Standes (Mittelalter), Farbe der Mönche (im Spätmittelalter als Demonstration „des Abstiegs zu den Ärmsten der Armen [...] sowie Demut und Nächstenliebe"[16]), der Juristen, Geistlichen und Gelehrten (ab dem 16.Jhd.), der Mode (ab dem 15.Jhd. am burgundischen Hof durch Phillip dem Guten eingeführt als Ausdruck seiner Individualität, im 19.Jhd. als Gesellschaftskleidung des Mannes, in der zweiten Hälfte

---

[13]Schmidt / Janalik (2000), S. 67ff.
[14]Vgl.: Becker (1992), S. 265.
[15]Wenn nicht anders angegeben Schmidt / Janalik (2000), S. 66ff.
[16]Schmidt / Janalik (2000), S. 71.

des 19.Jhd's als elegante Abendkleidung) und der Außenseiter und Oppositionellen (hauptsächlich seit dem zweiten Weltkrieg).

RICHARD führt eine weitere interessante Verwendung der Farbe Schwarz als Kleiderfarbe an. Im 18.Jhd. wurde in den Schauerromanen, den *gothic novels*, schwarze Kleidung zu bleicher Haut zum Schönheitsideal.[17] Welche wichtige Rolle die Zeit der *gothic novels* in Bezug zur Gothic-Szene spielt, wird im Fazit zur Selbstpräsentation erläutert. Schwarz als Kleidungsfarbe steht aber auch in Zusammenhang mit Erotik. So wird einerseits durch sie Triebhaftigkeit unterdrückt beziehungsweise abgeblockt (zum Beispiel die Tschadors der persischen Frauen), aber auch unterstrichen (schwarze Reizwäsche).[18] Es wird deutlich, daß die Verwendungsform der Farbe dieser ihre Bedeutung gibt.

Interessant ist, daß nach einer von SCHMIDT / JANALIK beauftragten Untersuchung, Gothics die Farbe Schwarz mit Leben, Bewegung, Lebensfreude, mit Dynamik, Energie oder Ruhe assoziieren. Sie verbinden mit der Farbe hauptsächlich Positives. Diese Assoziationen erscheinen ungewöhnlich und werden so interpretiert, daß Menschen mit unterschiedlichen Einstellungen, Gefühlen und Veranlagungen Farben auch verschieden empfänden. ZWIMPFER[19] erläutert, daß Farben tatsächlich verschieden empfunden und auch bewertet werden können. Das Farbempfinden wird neben „der durch Vererbung bedingten Individualität"[20] des Menschen durch den sozialen, klimatischen, geographischen und kulturellen Hintergrund beeinflußt, aber auch Faktoren wie das Alter, Geschlecht und psychische und physische Verfassung bestimmen das Farbempfinden. Doch ist die Frage hier nicht eher, ob die Gothics nicht durchaus die Bedeutung der Farbe, die durch

---

[17]Richard (1995), S. 118, 119.
[18]Vgl.: Wallraff (2000), S. 42.
[19]Vgl.: Zwimpfer (1985), Nr.: 417.
[20]Zwimpfer (1985), Nr.: 417.

den historischen sozio-kulturellen Kontext gegeben ist, auch annehmen, sie aber durch den Kontext der Szene umdeuten? Wie bereits beschrieben wurde, beschäftigen sich die Szenemitglieder mit den Themen, die oben als negativ mit der Farbe Schwarz assoziiert wurden, nämlich mit Tod, Magie und Unmoral in Form von Tabubrüchen (zum Beispiel Tragen von SM-Kleidung). Die Beschäftigung mit den Themen präsentieren sie mit Hilfe ihrer Kleidung und ihres Make-up. Sie grenzen sich allein durch ihre Kleidung, aber auch durch ihre Interessen vom Großteil der Gesellschaft ab und zeigen eine melancholische, trauernde Haltung. Sie kehren also das, was vom Großteil der Gesellschaft unseres Kulturkreises als negativ empfunden wird, nach außen und präsentieren dies auch auf der Farbebene. Die Frage, wovon und warum sie sich abgrenzen, soll im dritten Kapitel noch näher erläutert werden. Deutlich geworden ist, daß sich die Farbe Schwarz mit ihren in diesem westlich/christlich geprägten Kulturkreis verbreiteten Konnotationen in den Themenkomplex der Szene einfügt.

Nachdem die verschiedenen Bedeutungen der die Szene bestimmenden Farbe herausgearbeitet wurden, folgt nun die Beschreibung der Kleidungsstile und die Analyse der Zeichen, die darin sichtbar werden.

Die Kleidungsstile der heutigen Gothics lassen sich in sechs Kategorien einteilen, der Wave-Stil, der 80er Jahre Stil, der Mittelalterliche beziehungsweise Romantic Stil, der unauffällige/normale Stil, der Gothic-Punk Stil und der SM-Look[21].

Der **Wave-Stil** ist, wie der Name schon vermuten läßt, an den New Wave-Stil aus den 80ern angelehnt. Auch hier werden von den Trägern weite nach unten enger werdende Hosen (Pumphosen)[22], weite Ober-

---

[21]Vgl.: Schmidt / Janalik (2000), S. 50 sowie Wallraff (2000), S. 19.

[22]Diese aus der spanischen Mode des 16.Jhd's hervorgebrachte Hose wurde besonders in der zweiten Hälfte des 19.Jahrhundert unter der Bezeichnung *Türkische Hose* bekannt.

teile mit Fledermausärmeln bevorzugt sowie weite Jacken und Mäntel zum Teil auch im Uniformstil, spitze Schuhe, Schnallen, Nietengürtel und -halsbänder. Die Frisur der Waver ist ähnlich der Turmfrisur der New-Waver. Allerdings tragen hauptsächlich männliche Gothics diese Frisur. Welche Zeichen lassen sich hier nun ausmachen? Die Mäntel im Uniformstil weisen auf Militär und somit auf Macht, Hierarchie und Gewalt hin. Sie lassen sich also auch in die Kategorie Willenlos, mit den Komponenten Macht und Unterordnung einteilen. Fledermausärmel wurden erstmals im 13.Jhd. an Frauenkleidern getragen. Sie bilden wie auch die Frisuren einen Kontrast zum Uniformstil.

Auch der **80er Jahre Stil** geht zurück auf die Vorläufer der Gothics. Er ist gekennzeichnet durch seine weite, wallende Kleidung zum Beispiel in Form von Kutten oder Talaren und durch das Tragen von sehr viel Schmuck. Häufig werden mehrere Ketten, die mit unterschiedlichen Symbolen verziert sind, übereinandergetragen.[23] Die Gothics, die diesen Stil bevorzugen, tragen meist spitze Schuhe (Pikes) oder Hexenschuhe, toupieren und zerzausen ihre Haare und rasieren sich zum Teil die seitlichen Haare ab. Zerzauste Haare galten zur Zeit der Hexenverfolgung als Zeichen für die Verbindung zu Übernatürlichem. So sollten geordnete Haare, die mit Bändern oder Schleifen in Form gebracht wurden, Mädchen und Frauen vor den Verlockungen von Hexen und Geistern schützen.[24] Zeichencharakter dieses Stiles haben also neben den Symbolen besonders die Frisuren (mystizistische Bedeutung) sowie die Talare, die als Amtskleider von Geistlichen und Juristen Religion und Macht bedeuten und Kutten, die als Mönchsgewand Weltabgeschiedenheit, Armut und Religionszugehörigkeit symbolisieren.[25]

---

[23]Welche Rolle die Symbolik in der Szene spielt und welche Symbolarten von ihr bevorzugt werden, wird an späterer Stelle in einem Exkurs erläutert.
[24]Vgl.: Wallraff (2000), S. 34.
[25]Vgl.: Becker (1992), S. 197.

Der **Romantic Stil**[26] hat sich aus dem New Romantic Stil entwickelt. Wie die New Romantics orientieren sich auch die Gothics, die diesen Stil bevorzugen, am Kleidungsstil vergangener Stilepochen wie dem Barock, dem Rokoko oder dem Mittelalter.[27] So tragen die Frauen beispielsweise aufwendige Kleider mit engen Oberteilen (zum Beispiel in Form von Corsagen) und weiten Röcken, die dem Mantelkleid oder dem Reifrockkleid aus dem Rokoko oder dem Schleppenkleid aus der Burgundischen Mode nachempfunden sind. Kleider mit Flügel- oder Hängeärmeln, wie die weiblichen Gothics sie tragen, traten schon im Mittelalter auf. Die Haare der weiblichen Gothics dieses Stiles werden meist aufwendig geschnürt, toupiert, hochgesteckt, mit Spangen, Bändern etc. verziert. Auch diese Frisuren sind angelehnt an die der erwähnten Stilepochen. So gibt es Gothics, die sich nicht nur die Seiten oder den Nacken, sondern auch die Stirn rasieren, wie es in der Zeit der Gotik von ca. 1230-1450 üblich war.[28]

Der Romantic Stil der männlichen Gothics ist allgemein gekennzeichnet durch weite Hemdformen und im Kontrast dazu engen, figurnahen Hosen. Beliebt sind Männerröcke und Rüschenhemden, die an diejenigen aus dem Barock erinnern. Bei den männlichen wie auch weiblichen Gothics, die diesen Stil bevorzugen, kann reichhaltiger Kopfschmuck beobachtet werden, der ebenfalls dem Kopfschmuck aus dem Mittelalter, dem Rokoko oder dem Barock ähnelt. Wie schon bei den Vorgängern, den New Romantics, spielt auch hier das Glamouröse eine wichtige Rolle. Die Kleidungsstücke sind aus edlen und teuren Stoffen wie Seide oder Satin meist von Schneider(inn)en hergestellt oder selbst gefertigt und werden häufig nur zu besonderen Anlässen getragen. Das Glamouröse wird bei diesem Stil also zum einen an der

---

[26]Zum Abschnitt Romantic Stil vgl.: Schmidt/ Janalik (2000), S. 59-60 sowie Schmidt/Janalik (2001), S. 21-26.

[27]Am Stil des Mittelalters richtet sich allerdings auch der 80er Jahre-Stil und in der Schuhmode der Wave-Stil.

[28]Vgl.: Möller / Domnick (1977), S. 28, sowie Matzke / Seeliger (2000), S. 31.

Kleidung sichtbar, bestimmt wird es zum anderen aber auch durch die Art der Verwendung der Kleidung.

Neben dem Glamourösen hat der Romantic-Stil eine weitere Bedeutung – die Vergangenheit, die sich durch die Herkunft des Kleidungsstils ergibt. Wie die anderen Kleidungsstile der Gothics erhält auch dieser Stil durch die Farbe Schwarz weitere Bedeutungsfacetten wie zum Beispiel Trauer. Assoziationen der Farbe wie Macht oder Unmoral fügen sich weniger in die Zeichenwelt diesen Stiles. Der Romantic Stil fällt in der momentan existierenden Modewelt besonders auf. Er stellt durch die komplette Rückwendung auf die vergangene Mode (neben dem Tragen von Kutten und Talaren im 80er Jahre Stil) die deutlichste Abwendung gegenüber der heutigen Gesellschaft dar. Die Elemente der übrigen Stile der Gothic-Szene sind noch in anderen Szenen wiederzufinden.

Im Gegensatz zu den restlichen Kleidungsstilen der Szene erhält der **Normal-Stil** hauptsächlich durch die schwarze Kleidungsfarbe Zeichencharakter und hebt sich nur dadurch von der Kleidung der nicht der Szene Zugehörigen ab. T-Shirts, Jeans- oder Lederhosen, Lederjacken gehören zu den typischen Kleidungselementen.

Eine Ähnlichkeit zum Punk besteht im **Gothic-Punk-Stil**[29]. Dieser Stil ist gekennzeichnet durch seine Mixtur aus Lack- /Lederstoffen und Samt- und Rüschenteilen. Zerfetzte Netzstoffe werden als Strumpfhosen oder Oberteile benutzt. Reizwäsche wird sichtbar getragen. Kombiniert werden diese Kleidungsstücke mit Lederjacken, die zum Teil mit Nieten, Ketten, Aufnähern etc. verziert sind und mit derben, hohen Stiefeln wie *Rangers* oder *Doc Martens*. Dieser Stil hat eine hohe Symbolkraft. Es sind sowohl Fetischelemente als auch Gewaltsymbolik (Nieten, schwarze Lederjacken, Springerstiefel) vorzufinden. Unterscheidbar ist der Gothic-Punk-Stil vom reinen Punk-Stil hauptsächlich

---

[29]Zu diesem Stil vgl.: Wallraff (2000), S. 19-20.

durch seine schwarze Farbe, durch die er weitere Konnotationen wie Trauer oder Tod erhält, die im Stil der Punk-Szene nicht wiederzufinden sind. An dieser Stelle wird sichtbar, daß die Kleidung nie ohne die Farbe und die verwendeten Symbole gesehen werden darf.

Als letzter Stil soll der in der Szene immer wichtiger werdende **SM-Stil / die Fetischmode** beschrieben werden. Typisch sind hier Lack- und Lederstoffe sowie figurnahe Schnitte, die den Körper eher ent- als verhüllen wie zum Beispiel Mieder beziehungsweise Korsetts, Miniröcke, Hotpants etc. Diese Kleidungsart präsentiert das Spiel mit Macht und Unterordnung, mit sexuellen Elementen und Tabus. Den Faible für Fetischmode übernahmen die Gothics von den Punks, führten ihn aber in einem extravaganteren Stil vor.[30]

Welche Rolle spielt das **Make-up** in der Gothicszene? Gothics, weibliche wie männliche, legen sehr viel Wert auf die Bemalung des Gesichtes. Oft wird das Gesicht bleich geschminkt, die Augen schwarz umrandet sowie noch weiter zu den Schläfen hin schwarz verziert.[31] Dadurch heben sich die Augen von der hell geschminkten Haut stärker ab. Die Lippen sind besonders bei den Frauen (blut-)rot aber auch schwarz gemalt. SCHMIDT / JANALIK führen die Schminkweise der Augen der Gothics auf die altägyptische Schminkart zurück. Auch zu dieser Zeit hellte man schon seinen Teint auf und betonte die Augen durch einen schwarzen Strich, der um die Lider gezogen wurde. Betrachtet man die Gesichtsbemalung als Ganzes, so wirken die Gesichter nicht mehr lebendig, sondern tot, was unter anderem noch durch Verzierungen wie Fledermäuse oder Spinnennetze, die als Zeichen des Todes (wie noch zu zeigen ist) gelten, unterstützt wird. Gothics inszenieren sich also optisch als „Tote unter Lebenden"[32].

---

[30]Steele (1996), S. 59.

[31]Interessant ist, daß das Hellmalen des Gesichtes und die sehr auffallende Gesichtsbemalung in den 90er Jahren stark zurückging. Es wurde als zu klischeehaft empfunden.

[32]Schmidt / Janalik (2000), S. 90.

Daß Körperdekoration eine große Rolle in der Szene spielt, zeigt auch die Vorliebe für Tätowierungen und Piercings. Der aus der Sado-Masochismus-Szene kommende Körperschmuck erlangte, wie die Tätowierung in den 90er Jahren, hohe Beliebtheit und wurde zum allgemeinen Trend. Auch Mitglieder der Gothic-Szene entdeckten den Trend für sich, führten ihn allerdings zum Extrem. Gothics mit über 20 Piercings und großflächigen Tätowierungen seien keine Seltenheit so WALLRAFF.[33] Auch bei den Tätowierungen läßt sich wieder die Vorzugsfarbe Schwarz ausmachen.

Nachdem die unterschiedlichen Kleidungsstile, das Make-up und die bestimmende Farbe betrachtet wurden, soll das Augenmerk nun auf die Analyse der Accessoires – die Symbole gelegt werden. Symboliken können zum Teil eine Fülle von Botschaften, Weltbildern verkörpern oder nur eine bestimmte Sache bezeichnen. Anhand der Symbole läßt sich am leichtesten ablesen, mit welchen Themen sich die Gothics gerne in Verbindung gebracht sähen.

Symbole

Symbole werden von den Gothics häufig in Form von Schmuck getragen. So können Symbole Ringe, Gürtelschnallen, Ketten, Ohrringe, Broschen, Spangen, Piercings etc. verzieren. Der Schmuck und auch die Symbole sind meist silberfarben. SCHMIDT / JANALIK[34] haben in ihrer Analyse zwischen fünf immer wiederkehrenden Formen von Symbolen unterschieden: Sterne, Kreuze, Tiere, Schädel und Knochen sowie Zahlen und Buchstaben.

Die Symboliken in **Sternform** der Gothics weisen weniger auf eine Beschäftigung mit der Astronomie, sondern vielmehr auf ein Interesse an Religionen und Magie hin. So handelt es sich bei diesen Stern-

---

[33]Vgl.: Wallraff (2000), S. 38, 39.
[34]Vgl.: Schmidt / Janalik (2000), S. 92-103.

symbolen um magische und religiöse Symbole. Ein beliebtes Motiv der Gothics ist beispielsweise das Pentagramm. Das Pentagramm ist ein fünfzackiger Stern, der mit gleichlangen Linien in einem Zug gezeichnet wird. Es diente im Mittelalter als Zauberzeichen, „in apotropäischer Funktion wurde es im MA [Mittelalter, U.M.] an Häusern und Kirchen angebracht (zum Beispiel Turm der Marktkirche zu Hannover, um 1350), zur Krankheitsabwehr auf Votivbildern und bis in die Neuzeit hinein zum Schutz gegen weibliche Nachtgeister (Druden) an Ehebetten, Kinderwiegen und Stalltüren, daher wird das P. auch Drudenfuß genannt."[35] Beim Pentagramm, dessen Spitze nach oben zeigt, handelt es sich um das weißmagische Zeichen, das für das Spirituelle steht. Zeigt die Spitze des Pentagrammes nach unten, handelt es sich um das schwarzmagische Zeichen, das mit Hexerei und schwarzer Magie verbunden wird. Dieses Zeichen wird auch als Teufelssymbol verwendet und gilt als Kennzeichen des Bösen. Ein weiteres Symbol in Sternform, das von den Gothics getragen wird, ist das Hexagramm, das auch unter dem Begriff Davidstern bekannt ist. Dieser sechseckige Stern, der das nationale Symbol des Staates Israel ist, wird besonders mit dem Judentum in Verbindung gebracht. Interessant ist aber, daß er als Siegelabdruck wie das Pentagramm im Mittelalter zur Geisterabwehr eingesetzt wurde. Desweiteren gilt das Hexagramm „als Symbol zweier Gegensätze: religiös der sichtbaren und der unsichtbaren Welt, in der Alchemie von Feuer und Wasser."[36]

Neben Sternformen sind **Kreuzfigurationen** beliebte Symbole der Gothics. In der Gothic-Szene sind drei Kreuzarten vorrangig, das lateinische Kreuz oder auch christliche Kreuz, das keltische und das ägyptische Henkelkreuz (Ankh). Das lateinische Kreuz ist das Zeichen des Christentums und steht für Erlösung und die gläubige Hinnahme von Leiden, Tod und Opfern. Dieses Kreuz wird von den Gothics

---

[35]Lurker (1991), S. 561.
[36]Lurker (1991), S. 301.

entweder mit dem längeren Balken nach unten oder nach oben getragen. Befindet sich der längere Balken oben, ist das Kreuz umgedreht und steht für die Abwendung vom Christentum und für seinen Sturz. Im 18. Jahrhundert wurde diese Form, die auch als Zeichen Satans gilt, erstmals benutzt.[37] Das keltische Kreuz, dessen Schnittstelle von Längs- und Querbalken durch einen Kreis umschlossen wird, ist vor allem in Schottland und Irland in Kirchen oder auf Friedhöfen vorzufinden. Es symbolisiert das Leben und die Fruchtbarkeit.

Das Ankhzeichen war ursprünglich eine ägyptische Hieroglyphe für das Leben, man findet es auch als Symbol in der Hand von Göttern oder Königen auf Bildern, auf denen es auf das ewige Leben hinweist[38]. Neben den Kreuz- und Sternformen sind auch Symboliken aus der **Tierwelt** bei den Gothics vorzufinden. Bemerkenswert ist hierbei, daß es sich bei diesen Tieren ausnahmslos um solche handelt, die vom Volksglauben mit der Bedeutung des Bösen besetzt sind, Symbole also, die dem Themenkomplex Grauen angehören. Man kann in der Szene Schmuckstücke verziert mit Spinnen, Fledermäusen, Raben, Schlangen, Krähen, Eidechsen, Kröten etc. beobachten. Wie RICHARD erläutert, handelt es sich bei diesen Tierzeichen ursprünglich um religiöse Todessymboliken, die seit dem Mittelalter nach der Definition des Christentums als Symbole des Bösen gelten und „in denen sich [...] volkstümlicher Aberglaube und alchimistische Bedeutung bewahrt haben"[39]. Spinne und Fledermaus sind nach RICHARD die beiden wichtigsten Symboltiere der Gothics. So trägt beispielsweise einer der wichtigsten Gothicversandhäuser (Xtra) die Fledermaus als Symbol. Die Fledermaus wird im Volksglauben mit dem Vampirmythos verbunden und wurde im Mittelalter sogar dem Teufel und den

---

[37]Vgl.: Schmidt / Janalik (2000), S. 97/98.
[38]Vgl.: Lurker (1991), S. 35.
[39]Richard (1995), S. 123.

Hexen zugeordnet.[40] Die Spinne ist wie die Fledermaus ein Tier, vor der sich die meisten Menschen ekeln beziehungsweise fürchten, weil sie mit der Vorstellung von giftigen und lähmenden Bissen, Blutsaugen und Verfangen im Netz behaftet ist.

Wenden wir unseren Blick nun auf die nächste Gruppe der Symbole, die Symbole rund um **Schädel und Knochen**. Diese ebenfalls von den Gothics häufig benutzten Symboliken weisen auf körperlichen Verfall, Sterblichkeit und Tod hin. Das Spiel mit der Todessymbolik ist aber kein neues Phänomen. Die Vanitas-Verzierkunst hatte ihren Höhepunkt im 16. / 17. Jahrhundert. Schon damals dekorierte man Schmuckstücke mit Symboliken, die die Vergänglichkeit und die Nichtigkeit des Menschen ausdrückten.

Die letzte Gruppe der von Gothics benutzten Symbole ist die der **Zahlen und Buchstaben**. Die bevorzugte Zahlenfolge der Szenemitglieder ist die 666, die bevorzugte Buchstabenfolge FFF. Die Zahl 666 gilt als die Zahl der Bestie, „des Antichristen aus der Offenbarung des Johannes"[41] und FFF erhält damit, mit F als sechstem Buchstaben des Alphabets, die gleiche Bedeutung wie die Zahl 666. Konfliktbeladen ist die Verwendung von und das Interesse der Gothics an Runen. Hier werden besonders von Außenstehenden rechte Orientierungen der Symbolträger vermutet. Zu den Hintergründen dieses Interesses und zur Bedeutung rechten Gedankengutes in der Szene gibt das Kapitel „Politische Einstellungen" Aufschluß.

Kommen wir nun wieder auf die Themen der Szene zurück. Zu welchen Themen lassen sich die Bedeutungen der aufgeführten Symbole zusammenstellen? Die bereits in der Sprache und Kleidung herausgearbeiteten Themen: Vergängliches, Werdendes, Religion, Satanismus,

---

[40]Ein Zeichen hierfür war die Darstellung des todbringenden Vampires im slawischen Volksglauben als halb Mensch halb Fledermaus. Im Gegensatz zu diesem Todeszeichen steht die Bedeutung der Fledermaus in der chinesischen Kultur. Hier diente sie als Glückssymbol. Vgl.: Lurker (1991), S. 210.

[41]Schmidt / Janalik (2000), S. 102.

Mystizismus und Grauen spielen auch bei den Symboliken eine Rolle. Hier wird aber noch eine weitere Komponente deutlich. Gothics schmücken sich mit Symboliken vergangener Kulturen. Das ägyptische Ankh-Zeichen ist zwar ein Zeichen für Fruchtbarkeit, es weist aber ebenfalls auf die ägyptische Kultur hin. So muß unter den Themenkomplex Vergangenheit auch der Komplex „vergangene Kulturen" gefaßt werden.

Nachdem die Bedeutungsfacetten der Symbole aufgelistet wurden, muß, bevor ein zusammenfassender Teil des Abschnitts Kleidung aufgeführt werden kann, untersucht werden, wie die Gothics diese speziellen Symbole verwenden. Interessant ist dies, weil nur anhand dieser Betrachtung deutlich werden kann, was die Szenemitglieder mittels der Symbole nach außen präsentieren und wie der Gebrauch der Symbole mit den gothictypischen Einstellungen zusammenhängt. Die Gothics benutzen nicht nur Symbole einer Religion, sondern kombinieren frei Symbole der unterschiedlichsten religiösen und magischen Traditionen. So gibt es Gothics, die das Pentagramm neben dem Davidstern, dem keltischen Kreuz, einem umgedrehten Kreuz und dem ägyptischen Ankh tragen.[42] Besonders mit dem Tragen des umgedrehten Kreuzes wird nun ein Standpunkt sehr deutlich. Das umgedrehte Kreuz verstehen nicht alle Gothics auch als satanistisches Glaubensbekenntnis sondern vielmehr als Zeichen der Religionskritik.[43] Es geht bei den Gothics „um eine Erweiterung des Religionsverständnisses und eine Zurückweisung des christlichen Religionsprimats [...] oder um eine Säkularisierung der religiösen Symbole selbst, die 'verweltlicht' oder 'entheiligt' werden"[44], gerade indem sie neben anderen okkulten beziehungsweise anders religiösen Symbolen getragen werden. Das Zeichen wird nicht komplett umcodiert, sondern es erhält durch das

---

[42]Vgl.: Helsper (1992), S. 257.
[43]Vgl.: Helsper (1992), S. 260.
[44]Helsper (1992), S. 261.

Zusammenspiel mit anderen Symbolen eine neue Bedeutungsebene. Der Autor HELSPER hat aber noch ein anderes Element bei der Verwendung des Kreuzes als Accessoire herausgearbeitet. Das Kreuz gilt in der schwarzen Szene auch als Zeichen des Todes.[45] Es steht für Vergänglichkeit, für Leid, Schmerz, Ende und Tod. Seit dem 19. Jahrhundert ist das Kreuz auch als Symbol des Todes bekannt.[46] Wie schon Sprichwörter wie „der nehme sein Kreuz auf sich" oder „er trägt ein schweres Kreuz" verleiht auch das Kreuz dem Gothic seinen Leidens- und Verlusterfahrungen Ausdruck. So fügt es sich ein in die Symbolik der schwarzen Kleidung und in das Tragen von Todessymboliken wie Totenköpfen etc.

Welchen Schluß kann man aus der Betrachtung der Kleidung, der Symbole und der Schminkweise der Gothics ziehen? Festzuhalten ist zu Beginn, daß die Kleidungsschnitte, Farben, Symbole und Schminkweisen sich stark von der heutigen Mode unterscheiden. Trotz der hohen Anzahl von momentan existierenden Szenen mit ihren je eigenen zum Teil auch sehr auffälligen Stilen, erscheinen die Kleidungsstile der Gothics als die extremsten. Schon die Wahl der stark bedeutungsbeladenen schwarzen Farbe zeigt eine bewußte Abgrenzung von einer oberflächlichen, sorglosen Lebensführung. Vergänglichkeit und Trauer, zwei Elemente, über die nachzudenken in der heutigen Zeit eher unüblich ist[47], sind die wichtigsten Assoziationen, die beim Anblick dieser Farbe hervorgerufen werden. Die Farbe Schwarz in Kleidung, Make-up und Haarfarbe sowie die starke Abweichung von der heutigen Mode sind die wenigen Elemente, die sich durch die zahlreichen und sich zum Teil sehr unterscheidenden Kleidungsstile der Szene ziehen und sie miteinander verbinden. Die Kleidungsstile der Gothics haben sich stark ausdifferenziert. Aus den Kleidungsweisen der Vorgänger,

---

[45]Vgl.: Helsper (1992), S. 261.
[46]Vgl.: Aries (1981), S. 352.
[47]mehr zu diesem Thema siehe Kapitel 3.5

den Punks, New-Wavern sowie den 80er Jahre Gothics, haben sich
neue Stile entwickelt und Mischformen gebildet. Eine deutliche Zunahme hat die sexuelle Komponente in der Kleidung der Gothics erfahren.
So ist ein neuer Stil – der SM-Look – entstanden.

Kommen wir nun zu den Themen und Zeichen, die in diesen Stilformen präsentiert werden. Die in dieser Arbeit beschriebenen Symbole lassen sich nach tradiertem Verständnis den Bereichen Religion (zum Beispiel Christentum, Judentum), Satanismus, Mystizismus, Grauen, Vergängliches und Werdendes, Extreme Gefühle sowie Vergangenheit (Kelten- beziehungsweise ägyptische Symbolik[48]) zuordnen. In der Kleidung treten die Elemente Vergangenheit (besonders 80er Jahre Stil und Romantic Stil), Religion (80er Jahre Stil), Willenlos / SM (Punk-, Wave-, SM-Stil,) sowie Gewalt (Wave-Stil) auf. Die Deutungsmöglichkeiten der Kleiderfarbe Schwarz und der Schminkweise der Gothics fügen sich in die Themengebiete Vergangenheit sowie Vergängliches, Werdendes, Magie sowie Extreme Gefühle. Es handelt sich hierbei also um Themen, die in der heutigen Mode besonders in der gothictypischen Zusammenstellung eher eine geringere Rolle spielen, sehen wir von einigen Ausnahmen ab. Provozierend und ungewöhnlich erscheint besonders die Präsentation der Bereiche Satanismus, Tod / Trauer sowie Willenlos / SM. Bei allen drei Gebieten handelt es sich um Tabubereiche, wie noch im Erklärungsansatz zu zeigen sein wird. Welchen Zusammenhang diese Bedeutungsgebiete haben, wird im Fazit dieses Abschnitts erläutert.

Kommen wir nun zur Bekleidungsstrategie der Gothic-Szene. Wie geschildert, ist der Stil stark ausdifferenziert. Aus diesem Grunde läßt sich auch nicht nur eine Bekleidungsstrategie festmachen. Sowohl die Inszenierung des Todes und der Trauer als auch die bereits bekannten Strategien: die Inszenierung des Horrors und das Revivaln des

---

[48]Diese Symbolik läßt sich auch in die Kategorie Werdendes einordnen.

Glamourösen, was besonders im Romantic Stil deutlich wird, lassen sich wiederfinden. Eine weitere Bekleidungsstrategie, die die beiden vorher genannten mit einschließt, ist das Revivaln und Sampeln von Elementen vergangener Epochen.[49] Mit Sampeln ist gemeint, daß Elemente unterschiedlichster Epochen und zum Teil sogar Elemente unterschiedlicher Stile häufig zu einem Gewand zusammengestellt werden. Das Sampeln betrifft nicht nur die Kleidung sondern auch den Umgang mit Symbolen. Symbole verschiedenster magischer und religiöser Traditionen werden nebeneinander getragen und erhalten so eine neue Bedeutungsdimension, ganz in Bricolage-Manier. Die szenetypische Bedeutungserweiterung der Zeichen erfolgt durch diese Art der Kleidungsgestaltung. Interessant ist weiterhin, daß Gothics je nach räumlichen, zeitlichen und sachlichen Anlässen ihre Kleidung anders wählen. So wird beispielsweise eher der Normal-Stil für den Berufsalltag gewählt, hingegen der Romantic-Stil für einen Konzertabend. Insgesamt läßt sich für die Bekleidungsstrategie der Gothics sagen, daß die Präsentation von individueller Kreativität wichtig ist. Dies wird sowohl an der Zusammenstellung ihrer Kleidung und Symbole als auch an der Beliebtheit von selbstgeschneiderter Kleidung deutlich.

Wie spiegeln sich die genannten Themen nun in Stilbereichen wieder, die denjenigen, die nicht der Szene zugehören, weniger zugänglich sind als die Kleidung der Gothics?

2.3 Musik

Musik steht wie in vielen anderen Jugendkulturen auch in der Gothic-Szene im Zentrum des Stils. Auffällig bei der Betrachtung des Musikstils der Gothics ist, daß es den einen Musikstil dieser Szene gar

---

[49]Vgl.: Schmidt / Janalik (2000), S. 51ff.

nicht gibt. Auf dem *Wave-Gotik-Treffen* in Leipzig[50] werden Mittelaltermusik, *EBM* (Elektronic Body Music), sakrale Musik, Metal und vieles mehr nebeneinander gespielt. Ein weiteres auffälliges Phänomen der Musik der Gothics ist, daß sie sich gewandelt hat. So sind Metalund Elektro-Einflüsse hinzugekommen, die die Musikbandbreite stark verändert hat.

ZIMMERMANN unterscheidet neun verschiedene Musikstile, die in der Szene von Bedeutung sind: *Gothic Rock, Dark Wave, Synthie Pop, EBM* (Electronic Body Music), *Industrial* sowie *Industrial Noise, Mittelalterliche Musik, Neo-* sowie *Dark Folk.*[51] Bei den drei letztgenannten Kategorien ist erkennbar, daß die Musik in dem Sinne keine Musik der Szene ist, das heißt, daß sowohl Musiker als auch die Rezipienten szenefremd als auch Szenemitglieder sein können. Es gibt eine Fülle an Stilen, auf die dieses Phänomen zutrifft. Gothics filtern aus den verschiedensten Bereichen von Musik diejenige heraus, die ihr Lebensgefühl wiederspiegelt. So wird beispielsweise auch Kirchengesang oder Klassik von den Szenemitgliedern gehört. Schauen wir uns die Musik der Szene an, die auch für die Szene gemacht ist. Hierzu zählt der *Gothic Rock* und der *Dark Wave.*

Den *Gothic Rock* kann man auch als den Stil sehen, der die Gothic-Szene von Anfang an begleitet hat. So sind gerade die ersten Bands, die von Gothics gehört wurden wie zum Beispiel *Sisters of Mercy* oder *Fields of the Nephilim* diesem Stil zuzuordnen. Mit ihnen hat sich die Szene herausgebildet, sie waren nicht nur die musikalischen sondern auch die stilistischen Vorreiter der Szene. Die Musik des *Gothic Rock*

---

[50]Das *Wave-Gotik-Treffen* ist ein wichtiges Szene Treffen der Gothics, das jährlich stattfindet, mehr dazu im Kapitel Event.

[51]Vgl.: Zimmermann (2000), S. 28-32. Die Einteilung der Musikstile scheint strittig, so verwendet beispielsweise Wallraff (2001) eine ähnliche Einteilung (die gleichen Bezeichnungen), beschreibt die Stile aber anders. Ich habe mich für diese Einteilung entschieden, da auch Schmidt / Janaliks Einteilung und Beschreibung der Musikstile im großen und ganzen mit dieser übereinstimmt.

wird wie die des *Rock* von E-Gitarren dominiert, erscheint aber weitaus düsterer als *Rock*.

Als zweites großes Gebiet der Gothic Musik ist der *Dark Wave* zu nennen. Besonders in Deutschland ist dieser Musikstil von Bedeutung. Merkmal des *Dark Wave* sind eine Art elektronischer Klangteppich sowie ein sehr düster anmutender Gesang. Die Stilrichtung ist geprägt von „transparenter technoider Musik"[52]. Eine Band, die diesem Stil zugerechnet werden kann, ist die aus Deutschland stammende erfolgreiche Band *Deine Lakaien*. Diese Band kreiert eine sehr ruhige, melancholische Musik. Auch hier wird mit einem elektronischen Klangteppich gearbeitet. Interessant sind die übergeordneten Instrumente wie Geige oder Harfe, die einen Kontrast zu der tiefen Stimme des Sängers bilden.

An dieser Stelle sollen die Musikstile betrachtet werden, die nicht direkt von der Szene für die Szene gemacht sind. Wie bereits oben beschrieben, hat es eine Fülle von musikalischen Einflüssen gegeben, die die Bandbreite der von den Gothics gehörten Musik erweitert hat. Als erstes ist hier der Elektroeinfluß zu nennen. In den 80-er Jahren waren Bands wie Kraftwerk stilangebend für die elektronische Musik. Aufgrund dieses Einflusses haben sich neue Stile – *EBM*, *Industrial* und *Industrial Noise* – entwickelt. *EBM* ist gekennzeichnet durch seine treibenden Rhythmen, „minimalistischen Beats"[53] und seine kalten, düsteren Klänge. Die Stilrichtungen *Industrial* und *Industrial Noise* haben zwar ähnlich wie *EBM* elektronische Elemente, die Musik ist aber noch gekennzeichnet von Gitarrensamples, die beim *EBM* nicht vorzufinden sind.[54] Auch erscheint die Musik härter. Bei SCHMIDT / JANALIK wurde sie als „Elektronisch vertonter 'Industrielärm [als]: schräger Synthezisersound mit starken Klangvarianten"

---

[52]Zimmermann (2000), S. 30.
[53]Zimmermann (2000), S. 29.
[54]Vgl.: Zimmermann (2000). S. 29.

beschrieben. Exemplarische Bands des *Industrial* sind *Einstürzende Neubauten* oder *Ministry*. Inwieweit nun diese beiden elektrolastigen Stile der Gothic-Szene zuzurechnen sind, ist strittig. Es gibt Gothic Veranstaltungen (Partys, Festivals etc.), auf denen Musik gespielt wird, die von der Szene für die Szene gemacht ist aber auch *EBM* oder *Industrial*. Die Befürworter der *EBM* Musik kleiden sich aber zum einen anders als der Rest der Gothic-Szene und haben scheinbar auch nicht den Anspruch, ein sogenannter „echter Gothic" zu sein.[55] Im großen und ganzen kann man die EBM'ler wohl als eigene Szene sehen, die mit der der Gothics sympathisiert. Ebenso verhält es sich mit dem Musikstil Industrial. So spricht RICHARD beispielsweise von Industrial als eine Art Subkultur und Kunst sowie von einer „Industrial Culture- Szene"[56]. Hier wird die Eigenständigkeit der Industrial-Szene gegenüber der Gothic-Szene deutlich.

Ein weiterer Musikstil, der ebenfalls auf Gothicevents präsent ist, ist der Synthiepop. Aufällig daran ist der eher fröhliche Ausdruck der Musik. Der minimalistische elektronische Musikstil hatte seinen Ursprung Anfang der 80er Jahre. Prägend ist für diese Stilrichtung, wie der Name es schon vermuten läßt, der Synthesizer. In den 80er Jahren waren *Depeche Mode* stilangebend, heute sind Bands wie *Welle:Erdball* oder *And One* präsent. Ein interessantes Phänomen, das an dieser Stelle nicht unerwähnt bleiben sollte, sind die häufig stattfindenden *Depeche Mode*-Partys. Hier kann man deutlich erkennen, inwiefern der Synthiepop „Gothic-Musik" ist. Es sind meist Gothics anwesend, der Großteil der Anwesenden ist aber der Szene nicht entsprechend gekleidet. Das trifft auch auf die Konzerte der anderen Bands des Synthiepop zu. Diese Musik ist also beliebt unter den Szenegängern, sie ist aber nicht ausschließlich für Gothics gemacht und wird genauso von anderen Personen rezipiert. Ähnlich verhält es sich auch mit der Mittelalterlichen

---

[55]Vgl.: Hitzler / Bucher / Niederbacher (2001), S. 80.
[56]Richard (1995), S. 136.

Musik, dem Neo- und Darkfolk. Auch diese Musik wird auf vielen Events der Gothic-Szene gespielt, wird aber genauso von anderen Personen gehört. Bei der Mittelaltermusik gibt es verschiedene Ansätze. Zum einen existieren Bands, die die im Mittelalter produzierte Musik authentisch wiederzugeben versuchen, wie zum Beispiel die *Freiburger Spielleyt*. Zum anderen kreieren Bands eine Art „mittelalterlich angehauchte Partymusik"[57], wie zum Beispiel *Corvus Corax*. So benutzen die Bands der ersten Kategorie nur mittelalterliche Instrumente wie zum Beispiel den Dudelsack oder die Drehleier[58] und übernehmen den mittelalterlichen Sprachstil. Bei den Bands der zweiten Kategorie hingegen kann auch eine Mischung mit neuzeitlichen Instrumenten beobachtet werden.

Beim Neo- und Darkfolk tritt das Phänomen der Neuinterpretation noch stärker in den Vordergrund. Hier wird die traditionelle Volksmusik als Basis verwendet, die dann elektronisch verfremdet wird, wobei die akustischen Instrumente immer noch bestimmend bleiben. Die Interpreten dieser Stilrichtung erscheinen sehr naturverbunden, beschäftigen sich zum Teil mit Naturreligionen. Dies ist die umstrittendste Stilrichtung der Musik, die von Gothics gehört wird. Gerade weil eine Beschäftigung mit dem Heidentum durch die Präsentation von heidnischen Symbolen häufig deutlich gemacht wird, werden hier rechte Tendenzen vermutet[59]. Vorwürfe dergleichen wurden z.B. gegen die Band *Death in June* laut. Das Symbol der Band ist ein leicht veränderter Totenkopf der SS.

Was ist nun aber das Verbindende zwischen diesen scheinbar unterschiedlichen Musikstilen? Erst einmal muß berücksichtigt werden, daß diese Musikstile nur selten in genau dieser Form vorkommen. Vielmehr gibt es häufig Mischformen. Im Kapitel 2.3 wurde gezeigt,

---

[57]Zimmermann (2001), S. 31.
[58]Vgl.: Schmidt / Jahnke (2000), S. 39.
[59]Vgl.: Wallraff (2001), S. 47.

daß die Spannbreite der Musik, die von Gothics gehört wird, von gefühlsbetonter Musik bis zu stark aggressiver Musik reicht.[60] Die Texte handeln von „unglücklicher Liebe, Tod und Religion"[61], von Vergänglichem, von Grauen und sexuellem Verlangen. So lautet beispielsweise eine Textzeile der deutschen Band *Goethes Erben* aus dem Lied „Fleischschuld":

> Auch wenn dieser Raum sicherlich schon unzählige Schreie
> beheimatet hat, so sind
> es immer wieder die wimmernden Laute von Kindern, die
> das Grauen, der bei der
> Bestrafung anwesenden Zeugen, geistig überwuchern. [...]
> Was zählt ist jene blutige Masse bestraften Lebens, welches auf der Waage zu
> Protokoll genommen werden kann. Schürfwunden wiegen
> nichts, nur rohes Fleisch,
> Haut, Knochen und Fettgewebe gelten als Sühneopfer. Je
> schwerer die Tat im
> Angesicht der Staatsgewalt, um so tiefer muß der Delinquent die Dreieckklinge in
> den eigenen Körper treiben. Die Selbstverstümmelung ist
> neben unterschiedlichen
> Formen der Todesstrafe die einzige Form der Sühne. [...][62]

Die Lust an der genauen Darstellung der Selbstverstümmelung wird in diesem Lied besonders offensichtlich, ein Beispiel also für die Lust am Grauen, sowie auch ein Beispiel für die Thematisierung des Vergänglichen, der Gewalt und des Willenlosen.

Corvus Corax „Meng Lëiv" ist im Gegensatz dazu eine Hymne an die

---

[60]Vgl.: Schmidt / Janalik (2000), S. 40.
[61]Richard (1995), S. 116.
[62]www.golyr.de, Stand 10.05.03; 16.15 Uhr.

Geliebte, dieses Lied stellt das Begehren, vor allem auch das sexuelle
Verlangen, sehr deutlich zur Schau:

> Komm sei eins mit mir
> Brich mich und mein Herz
> Betör´ mich mit Deinem
> Köstlichen Geruch
> Lass mich ganz tief in Dir sein
> Goldener Engel
> Traum der Lust
> Meine Göttin
> Meine Liebe
> Ich bete Dich an[63]

VNV Nation, eine Band, die dem Musikstil *EBM* zugeordnet werden
kann, beschäftigt sich in ihrem Lied „Joy" mit der Frage nach dem Sinn
des Lebens. Diese Suche spielt eine wesentliche Rolle in der Gothic-
Szene wie noch im Erklärungsansatz gezeigt wird.

> [...] Never to be ruled nor held to heel.
> Not heaven or hell just the land between. Am I not man,
> does my heart not bleed?
> No Lord, no God, no hate, no pity, no pain, just ME. [...]
> Why am I lone and why do I feel
> that I carry a sword through a battle field?
> So why do I love when I still feel pain?
> When does it end, when is my work done?
> Why do I fight and why do I feel
> that I carry a sword, that I carry a sword? Like the path
> to heaven or the road
> to hell

---

[63]www.golyr.de, Stand 10.05.03, 16.20 Uhr.

our choice is our own consequences bind.

We are the kings of wisdom, the fools as well.

We are the gods to many, we are humble men.

We who build great works just to break them down.[64]

Daß die Vergangenheit auch bei der von Gothics gehörten Musik eine Rolle spielt, zeigt der Rückgriff auf die Lieder aus dem Mittelalter beziehungsweise auf die Volksmusik. Es wird deutlich, daß also auch bei der Musik wieder die schon bei der Analyse der Sprache beobachteten Themen eine Rolle spielen. Stärker in den Vordergrund treten hier aber noch zwei weitere Themen, die zum Teil bisher nur am Rande angeschnitten waren, nämlich sexuelles Verlangen und unglückliche Liebe. Große Gefühle wie Trauer, Liebe, Verlangen scheinen also eine nicht unwesentliche Rolle in der Szene zu spielen. Sie fügen sich in die Kategorie „Extreme Gefühle". Wie mit der Musik umgegangen wird, ob sie gelebt oder nur als Hintergrund wahrgenommen wird, läßt sich auch am Tanzstil der Szenemitglieder erkennen.

2.4 Tanz

Der Tanzstil der Gothics hat sich im Laufe der Existenz der Szene stark gewandelt. So spricht man in den 80er Jahren noch von dem Tanzstil „Nord-Süd-Kurs"[65], der das Hin- und Herschreiten in zum Teil gebückter Haltung der Gothics betitelt. Heute ist vielmehr ein melancholisches Wiegen des Körpers zu beobachten, das die Hingabe der Gothics an die Musik deutlich werden läßt. Aber auch hier ist im großen und ganzen der Tanzstil von der Musik abhängig. So wird zum sehr melancholischen *Dark Wave* anders getanzt als zu den treibenden Rhythmen des *EBM*, wo eher aggressivere Bewegungen beobachtet

---

[64]www.golyr.de, Stand 10.05.03, 16.28 Uhr.
[65]Schmidt / Janalik (2000), S. 38.

werden können. Bei langsamerer Musik wie zum Beispiel beim *Dark Wave* ist hauptsächlich ein langsames Wiegen des Körpers zu beobachten, das zum Teil mit theatralischen Bewegungen der Arme einhergeht. WALLRAFF vergleicht diese Bewegungen der Arme mit denen „indischer Tempeltänzerinnen [...] [oder] mittelalterlicher oder barocker Tänzer".[66] Den Tänzern sind aber meist eine bestimmte Anzahl von Gesten und Bewegungen eigen, die wiederholt werden. Deutlich wird stets eine Art Rückzug der Tanzenden in ihr Inneres.[67] Es wird selten zusammen getanzt, Blickkontakt kann nicht häufig beobachtet werden, die Tanzenden wirken von ihrer Außenwelt abgeschottet. Auf diese Weise leben die Gothics beim Tanzen ihre Gefühle aus, bei einem eher reduzierten wie auch bei einem sehr ausladenden Tanzstil. Ein Zitat aus SCHMIDT / JANALIKS Analyse macht dies sehr deutlich:

> Wenn ich auf etwas tanze, dann bin ich voll im Lied drin. Ich könnte da nie mitten im Lied anfangen zu tanzen und dann irgendwann wieder gehen, so wie das einige Leute machen. Dann krieg ich auch nicht mehr so viel von außerhalb mit.[68]

Zusammenfassend kann also gesagt werden, daß das Tanzen den Gothics dazu dient, die Musik auf sich wirken zu lassen, die Atmosphäre des Liedes durch ihren Körper auszudrücken, ihre Gefühle auszuleben. Die Tanzbewegungen der Gothics sind entweder hart und aggressiv oder weich, melancholisch. Sie heben sich stark von den Tanzstilen zu anderen Musikrichtungen wie zum Beispiel Pop oder Techno ab, die eine sehr fröhliche, ausgelassene Atmosphäre verströmen und die Tänzer dies auch in ihren Bewegungen ausdrücken. In diesem Stilgebiet präsentieren die Gothics also den Themenbereich "Extreme

---

[66]Wallraff (2001), S. 50.
[67]Schmidt / Janalik, (2000), S. 38.
[68]Zit. n. Schmidt /Janalik (2000), S. 38.

Gefühle".

Im nächsten Kapitel soll es nun um den Wohnraum der Gothics gehen.

2.5 Wohnraum

Der eigene Wohnraum ist für die Gothics besonders wichtig, da er neben den Diskotheken als wichtiger Treffpunkt aber auch als Rückzugsort genutzt wird. Um zu analysieren, wie umgreifend der Lebensstil der Gothics ist, soll hier kurz gezeigt werden, wie die Szenemitglieder ihren Wohnraum gestalten.[69]

Die Farbe Schwarz spielt nicht nur in der Kleidung, sondern auch in der Raumdekoration eine große Rolle. Möbel und zum Teil auch die Wände sind schwarz gestrichen. Lichtquelle und wichtiger Dekorationsgegenstand sind Kerzen, im besonderen Grableuchten. Bedeuten Kerzen seit dem 4.Jhd in christlicher Tradition Freude und im allgemeineren Sinne Lebenslicht[70], erhält die Grableuchte durch ihren Verwendungsort noch eine weitere Konnotation. Diese Form der Lichtquelle stellt auf ihrer Bedeutungsebene eine Verbindung zwischen den beiden Themengebieten Vergängliches und Werdendes, zwischen Leben und Tod dar. Diese Verbindung spielt bei den Gothics eine wichtige Rolle, denn der Tod wird als Auslöser- und Endpunkt der Diskussion der Sinnfrage verstanden. Bei der Beschäftigung mit dem Tod geht es also gleichzeitig auch immer um das Leben. Doch hierzu mehr im Erklärungsansatz. An den Wänden befinden sich häufig Bilder oder Poster von den jeweilig favorisierten Bands oder Aufnahmen von düster-romantischen Stätten zum Beispiel von Friedhöfen oder Ruinen (Zeichenträger für Tod, Gewalt, aber auch Vergangenheit)[71] sowie von Statuen wie Engeln etc. Samt- und Seidentücher, Netze

---

[69]Zum Kapitel 2.5 Wohnraum vgl. Schmidt / Janalik (2000), S. 17-22.
[70]Vgl.: Lurker (1991), S. 376.
[71]Zur Zeichenhaftigkeit von Orten mehr im Kapitel 2.6 Treffpunkte.

oder künstliche Spinnweben sind an Decken und Wänden befestigt. Als Accessoires sind häufig Grabschleifen, Kreuze, Aschenbecher in Totenkopfform oder Räucherstäbchenhalter in Form eines Sarges auszumachen. Auch wenn es mittlerweile schon Dekorationsgegenstände wie Gipstotenköpfe etc. zu kaufen gibt, so ist doch eine gewisse Kreativität vonnöten, um ein Zimmer im „Gothicstil" einzurichten.

Daß es nicht nur *einen* Einrichtungsstil der Gothics gibt, zeigt die Internetseite: www.toreardors.com/martha/motifs/index.html, auf der genau aufgelistet ist, welche Einrichtungsstile nach welcher favorisierten Musik der Gothics vorzufinden sind. Es gibt nach dieser Seite einen Zusammenhang zwischen rezipierter Musik und Einrichtungsstil. Die Autorin unterscheidet zwischen dem viktorianischen, dem mittelalterlichen, dem techno-modernen, dem friedhofsähnlichen, dem feenhaften, dem asiatischen, dem ägyptischen und dem punkigen Einrichtungsstil. Weiter wird hier auf diese Auflistung nicht eingegangen, da die Quellen dieser Seite nicht bekannt sind und somit nicht klar ist, woher die Informationen stammen (aus wissenschaftlicher Quelle oder Schätzung). Zwei Dinge lassen sich aber aus dieser Auflistung ablesen: Zum einen, daß Kreativität bei der Einrichtungsgestaltung der Gothics eine wichtige Rolle spielt – Gothics legen besonderen Wert auf eine individuelle Gestaltung der Räume, sie „[...] gestalten ihren persönlichen Wohnraum im wahrsten Sinne des Wortes als dritte Haut"[72] – zum anderen, daß auch hier wieder mit Zeichen gespielt wird, die sich nach der auf der Internetseite angegebenen Zusammenstellung den bisher aufgestellten Themen zuordnen lassen.

Nachdem nun einer der wichtigsten Treffpunkte der Gothics, der Wohnraum, genauer dargestellt wurde, sollen im nächsten Kapitel die weiteren Treff- und Begehungspunkte der Szenemitglieder vorgestellt werden.

---

[72]Schmidt / Janalik (2000), S. 18.

2.6 Treff- und Begehungspunkte

Wie bereits im Kapitel Szene beschrieben, sind Treffpunkte für die Interaktion in der Szene wichtig. Es müssen Treffpunkte bekannt sein, damit sich die Szenemitglieder zu bestimmten Zeiten und an bestimmten Orten wiederfinden können. Orte fungieren aber auch als Zeichen. Welche Zeichen und welche Bedeutung lassen sich durch die Treff- und Begehungspunkte ausmachen? Gothics verlagern ihre Treffpunkte eher an Orte, die der allgemeinen Öffentlichkeit nicht zugänglich sind. Die Szene existiert also relativ zurückgezogen von der Öffentlichkeit. Beliebt sind Szeneclubs oder Diskotheken, in denen sich nur Szenemitglieder oder zumindest Sympathisanten aufhalten. Gothicdiskotheken existieren zwar aufgrund ihrer Unrentabilität nur selten,[73] einige Diskotheken veranstalten aber an einem Abend in der Woche / im Monat Gothicpartys wie zum Beispiel jeden Mittwoch das *Metro* in Oldenburg. Diese Diskos werden, wenn sie nicht schon von vornherein das entsprechende Flair aufweisen (zum Beispiel Kellergewölbe mit leicht verfallenem, modrigen Charakter), häufig extra für den Abend dekoriert. So wird das *amadeus* in Oldenburg, das auch Themenabende organisiert, etwas abgedunkelt, und die Tische werden mit Kerzen bestückt. Dieser spezielle Dekorationsaufwand macht deutlich, daß ein relativ hoher „Eventisierungsgrad"[74] in der Gothic-Szene vorherrscht. Doch die Szenemitglieder frequentieren nicht nur Treffpunkte, die extra für sie hergerichtet sind. Bekannt ist, daß sich Gothics auch auf Friedhöfen aufhalten. Orte wie Kirchen, Burgen, Ruinen und Friedhöfe[75] sind beliebte Aufenthaltsorte in der Szene. Auch wenn sich die Szenemitglieder zum Teil dort in Gruppen befinden, werden sie aber nicht als Kommunikationsort sondern vielmehr als Ort der

---

[73]Vgl.: Schmidt / Janalik (2000), S. 22.
[74]Hitzler / Bucher / Niederbacher (2001), S. 76.
[75]Weitere Erläuterungen zur Nutzung des Friedhofs in Kapitel 2

Entspannung in Anspruch genommen.[76] Sie begehen diese Stätten, „um die dortige Atmosphäre schweigsam und in sich versunken zu genießen."[77] Bei den genannten Orten handelt es sich um solche mit hoher Zeichenhaftigkeit. Die Kirche bedeutet hauptsächlich Religion. Wie Burgen, Ruinen und Friedhöfe sind sie aber auch Zeichenträger für Geschichten und somit für Vergangenheit. Die Burg stellt in ihrer historischen Bedeutung das Symbol des Schutzes und der Sicherheit dar. Im christlichen Symbolverständnis wird die Burg auch als „Sinnbild der Zuflucht in Gott oder des Glaubens, der gg. die Dämonen schützt."[78] Interessant ist, daß auch Darstellungen der Hölle als unterirdische Burg existieren. Die Burg als christliches Symbol ist also Stätte des Guten wie auch des Bösen. Die Ruine steht in ihrer Gestalt und Herkunft für Gewalt und Zerstörung aber auch für Einsamkeit und Grauen. Friedhöfe bedeuten zum größten Teil Trauer und Tod. Sie umgibt aber auch eine Aura von Verbot und Geheimnis. Gerade durch die heute typische, aus dem Alltag herausgehobene Nutzung des Friedhofs, die durch die Verdrängung von Trauer und Tod[79] hervorgerufen wird, erhält der Ort diese Aura und wird auch aus diesem Grunde von den Gothics als alltäglicher Aufenthaltsort genutzt.

Die Treff- und Begegnungspunkte der Gothics sind also durch Tod, Düsternis, Einsamkeit, und Stille geprägt. Sie lassen das Interesse an Vergänglichem, extremen Gefühlen, Vergangenheit, Religion, Grauen und Gewalt erkennen.

---

[76]An dieser Stelle unterscheiden HITZLER / BUCHER / NIEDERBACHER zwischen Szene-Öffentlichkeit und Privatheit. Als Privatheit bezeichnen sie die Orte, an denen nachgedacht oder gelesen wird oder man mit Freunden zusammensein kann. So würden die Gothics Kirchen, Burgen, Ruinen und Friedhöfe als Privatsphäre ansehen. Ein weiterer Ort der Privatheit, der aber auch als Treffpunkt genutzt wird, ist das eigene Heim. Wie wichtig dieser Ort ist, konnte schon anhand der Wohnungseinrichtung gesehen werden. Die Szene-Öffentlichkeit findet demnach nur in Diskotheken oder auf Events statt.

[77]Hitzler / Bucher / Niederbacher (2001), S. 77.

[78]Becker (1992), S. 50.

[79]Mehr hierzu im Erklärungsansatz, Kapitel 3.5

Orte sind auch bei den Events der Szene von Bedeutung. Im nächsten Kapitel soll nun untersucht werden, welche Orte bei den Events eine Rolle spielen, wie die Events der Gothics gestaltet sind und welche Zeichen hier auftauchen.

2.7 Events

Wie bereits oben beschrieben, sind Events wichtig in der Szene, weil sie eine Art Höhepunkt im Szeneleben darstellen. Sie treten aus dem Alltag heraus und bieten den Szenegängern ein allumfassendes Programm der Szene. Besonders für das überlokale Zusammengehörigkeitsgefühl spielen sie eine bedeutende Rolle. Welche Events gibt es aber nun in der Gothic-Szene und was wird auf ihnen geboten? Aus der Fülle von Gothicevents wurden als Beispiel zwei Events ausgewählt, um sie im weiteren näher vorzustellen.

Das *Wave-Gotik-Treffen* ist das größte Treffen der Gothic-Szene. Allein im Jahr 2000 kamen 25.000 Szenemitglieder zu dem Event nach Leipzig, dessen Besonderheit darin besteht, daß es sich um ein Treffen und nicht um ein Festival handelt. Dieses Treffen beinhaltet eine Veranstaltungsbreite, die von einer Modeperformance, einer Verkleidungs- und Tanzkunstperformance, einer Fetischmesse über Lesungen, Fotoausstellungen, Rollenspielen, Orgelkonzerten, Kutschfahrten, Ritterspielen, Feuer- und Lichtinszenierungen bis zu einem Heidnischen Dorf, einem Mittelaltermarkt etc. reicht.[80]

Ein ähnlich breites Spektrum an Veranstaltungen führen die *Orkus Herbstnächte*[81] in ihrem Programm. Konzertabende, Tanznächte, Lesungen, ein schwarzer Markt, historisches Markttreiben sowie klassische und alte Musik werden geboten. Das Besondere bei diesem Event

---

[80]Vgl.: Pfingstbote (2001), S. 21-72. sowie vgl. Zillo (04/02), S. 101.
[81]Vgl.: Pfingstbote (2001), S. 26.

stellt jedoch die Veranstaltungsstätte dar. Es handelt sich hierbei um das *Schloß Glauchau*. Das Event und der Ort werden folgendermaßen angepriesen: „das schwarzromantische Spektakel auf einem verzauberten Schloß"[82] oder „in Sälen und Gewölben in mystisch-herbstlichem Gewand [...]"[83] Das Schloß wird hier mit Mystizismus verbunden. In der historischen Bedeutung erscheint es häufig als Märchenmotiv. Das hell erleuchtete Schloß kann als Symbol für die „Summe und Erfüllung aller auf das Positive gerichteten Wünsche"[84] stehen, das schwarze, leere Schloß hingegen als Symbol für Hoffnungslosigkeit und Verlust. Aber auch das *Wave-Gotik-Treffen* bietet Veranstaltungsräume mit vergleichbarer Atmosphäre. Ein Großteil der Stadt Leipzig und ihr Kulturangebot ist auf das Treffen eingestellt. So werden Veranstaltungen in den Kellergewölben der *Moritzbastei*, im *Musikkloster Sixtina*, in der *Thomaskirche zu Leipzig*, im *Völkerschlachtdenkmal*, in der *Lutherkirche* etc. aufgeführt. Hierbei handelt es sich also um Orte, die auf Religion, Kampf (Gewalt) und Vergangenheit weisen. Es wird deutlich wie hoch der „Eventisierungsgrad" bei diesen Events ist.

Betrachten wir nun die Veranstaltungen als solche. Welche Zeichen lassen sich hier ausmachen, welche Themenkomplexe spielen eine Rolle? Der Mittelaltermarkt, das Angebot von Konzerten alter und klassischer Musik zeigen die Faszination für Vergangenheit/Geschichte, das heidnische Dorf für Religion, Fotoausstellungen und Lesungen für Literatur und Kunst, die Fetischmesse für Sexualität und das offene Ausleben von Tabus und die vorgeführten Thriller- und Horrorfilme wie *Sleepy Hollow* oder *Blair Witch Project* für Grauen, Dunkles, Horror etc. Der Bereich Mystzismus erscheint im Programmteil des heidnischen Dorfes, den Wahrsagerkünsten und Zaubertrünken. Die

---

[82]Pfingstbote (2001), S. 26.
[83]Pfingstbote (2001), S. 26.
[84]Becker (1992), S. 259.

Anpreisung des heidnischen Dorfes symbolisiert noch ein weiteres Interessensgebiet der Szene. So heißt es:

> [...] Es gehen Gerüchte, daß die Hunde Hels mordend und
> raubend umgehen! Gebt acht auf euer nacktes Leben und
> kommt den Eisenfressern nicht zu nah', so Ihr es behalten
> wollt. Denn Meere von Blut säumen den Weg der finste-
> ren Wikinger-Krieger vom *Hause Ivarborg*. Ihre Jagd nach
> Reichtum, Ruhm und Sklaven führt sie bis an alle Enden
> der bekannten Welt. Mächtig ihre Kampfeswut, trachten
> Odins Wölfe mit ihrem verheerenden Handwerk, den Blut-
> zoll zu Ehren der kriegerischen Götter der Nordmänner
> allzeit zu mehren. Seid auf der Hut ...[...] Ein Dut-
> zend kampfeslustiger Krieger werden Euch die Kampf-
> techniken der Nordleute näherbringen, gekämpft wird mit
> Schwert, Schild, Ger, Axt ... im Vollkontakt (Kein Schau-
> kampf!!!). Damit sich der Raubzug in Leipzig auch lohnt,
> übernehmen Walvaters Söhne auch noch die traditionelle
> Jungfrauenversteigerung.[85]

Hier wird gleichzeitig das Themengebiet Geschichte mit dem Komplex Raub und Kampf verbunden.

Es wird deutlich, daß viele der Themengebiete, die beim Kapitel Sprache (Vergangenheit, Religion, Mystizismus, Grauen, Gewalt und Willenlos) herausgearbeitet wurden, auch bei der Gestaltung der Events, sowohl der Veranstaltungsstättenwahl als auch bei der Veranstaltungswahl selber eine große Rolle spielen. Ausgenommen wurde hierbei der Bereich Konzerte. Mit der Aufführung von Musik kommen noch die schon im entsprechenden Kapitel erwähnten Bereiche hinzu. Als letzter Punkt der Selbstpräsentation soll nun untersucht werden, was in

---

[85]Pfingstbote (2001), S. 23.

den Veröffentlichungen der Szene für Themen von Bedeutung sind. Hier sollen sowohl Zeitschriften als auch das Internet herangezogen werden.

2.8 Szenemedien – Zeitschriften und Internet

Szenemedien spielen bei der Selbstpräsentation ebenfalls eine bedeutende Rolle. Sie werden von den Organisationseliten der Szene gestaltet. Szenemedien sind eine wichtige Informationsquelle der Szene und können sogar als Kontaktbörse dienen. Die Kontaktaufnahme funktioniert nicht nur über Chaträume oder „Gastbuchseiten" im Internet sondern auch über Anzeigen in den Szenezeitungen. Für diese Arbeit sind die Szenezeitschriften und das Internet interessant, weil hier mit Hilfe der Analyse der Themen der Magazine und auf den Internetseiten gezeigt werden kann, inwiefern die in den vorhergehenden Kapiteln herausgearbeiteten Themen nur auf der Oberfläche also in Form von Zeichen in der Kleidung, Nutzung von stark zeichenhaften Orten etc. präsentiert werden oder ob tatsächlich eine weitergehende Beschäftigung mit ihnen stattfindet.

Wenden wir uns als erstes den Zeitschriften der Szene zu. Es gibt fünf überregional bekannte Zeitschriften der Gothic-Szene, die in Zeitungsläden mit einem vielfältigen Angebot erhältlich sind - das *Zillo*, der *Orkus, Astan, Sonic Seducer* und *Gothic*. Im nachfolgenden Abschnitt soll ein grober Einblick in die Themen und Gestaltung der Szenezeitschriften gegeben werden. Es wird kein Anspruch auf Vollständigkeit erhoben. Dieser Teil der Arbeit dient lediglich dazu zu zeigen, inwieweit die oben aufgeführten Bereiche in den Zeitschriften und im Internet wiederzufinden sind. Neue Themengebiete sollen hier aber auch angeführt werden, wenn ihre hohe Präsenz dazu veranlaßt. Für die Untersuchung wurden die neben dem *Sonic Seducer* meist gelesenen Magazine *Zillo* und *Orkus* herangezogen. Beide Zeitschriften werden von der Organisationselite der Szene bestimmt. Folgende Exemplare, die eine gewisse Bandbreite der letzten Jahre darstellen, wurden benutzt: *Zillo* (05/97), (05/00), (07-08/00), (05/01), (06/01), (07-08/01), (04/02), *Orkus* (11/02), (12-01/03).

Beginnen wir mit der Auflistung der Themen der Zeitschriften. Der Hauptteil der Inhalte der angegebenen Magazine beschäftigt sich mit Musik. Hauptsächlich wird über Bands aus der Szene berichtet.[86] Interessant ist, was über die Musikberichte hinaus in diesen Zeitschriften erscheint. Das *Zillo* hat eine Rubrik *Specials*, in der es Berichte über Kunst, Gothic-Computerspiele, Esoterik, Magie etc. veröffentlicht. So gab es beispielsweise 2001 eine Serie *Ages*, in der Epochen der Kunst vorgestellt wurden.[87] Eine weitere Ausgabe der Zeitung thematisiert den Vampirismus, den venezianischen Karneval und beinhaltet den Start einer Essayserie über Magie.[88] Es wird über Graphikkunst, Photographie, Mode (hier: Männerröcke) oder Sehenswürdigkeiten (hier: Ruinen) informiert.

Der *Orkus*, der sich wie schon im Untertitel: „Gothic, Romantic, Industrial, Electro" deutlich, nur auf die Gothic- Industrial- und Electroszene konzentriert, besitzt einen höheren Anteil sogenannter *Speci-*

---

[86]Das *Zillo* veröffentlicht allerdings auch Berichte über sogenannte Indie- oder Alternative Bands, wie zum Beispiel *Guano Apes* oder *Kent (Zillo 05/00)*, deren Musik nicht als der Szene zugehörig beschrieben werden kann. Das *Zillo* hat auch den allgemein gehaltenen Untertitel: *Musikmagazin* oder vor 2002: *Musik & Kultur* und 1997 mit der Beifügung *alternativ, individuell, independent*. War das *Zillo* 1997 tatsächlich noch eine Zeitschrift für das allgemeinere alternativ / independent Publikum und beinhaltete Artikel über Bands aus den verschiedensten Ecken dieser „Szene", so ist schon bei den Zeitschriften aus dem Jahr 2000 eine starke Tendenz Richtung Gothicmagazin festzustellen. Bemerkenswert ist hierbei, daß die Titelseiten des Zillo immer noch mit Photographien von Bands aus den verschiedensten „alternativen" Musikbereichen (wie zum Beispiel *Guano Apes* oder *Oomph*) bestückt sind, obwohl der Anteil der Berichte über diese Bands nur ca. 10% des Musikteils ausmacht. Im Jahr 2002 gilt das *Zillo* als gothicorientiert, was neben dem hohen Anteil der Szenebands und der restlichen Themen auch durch die Gestaltung des Magazines deutlich wird (siehe Exkurs).

[87]zum Beispiel Zillo (05/01), S. 42-43 über die Renaissance

[88]Vgl.: Zillo (04/02)

als. Hier läßt sich das *Horrorskop* finden (eine Parodie auf das Horoskop), von Lesern verfaßte Gedichte, die Serie *Mystica Terrarum* mit Berichten über geheimnisvolle Orte, die Serie *Friedhöfe Europas* mit Informationen zu ausgewählten Friedhöfen und *Literaturspecials* mit Berichten zu Autoren und ihren Werken. Neben einer Kinoseite hat der *Orkus* wie das *Zillo* eine Musikseite, auf der die neuesten Platten (hauptsächlich von Szenebands) und eine Bücherseite, auf der neu erschienene Bücher vorgestellt werden.

Das Buch ist neben den Zeitschriften und dem Internet ein weiteres wichtiges Medium in der Szene. Betrachten wir nun, welche Literatur in der Szene von Interesse ist.

Exkurs: Medium – Literatur

Der *Orkus* veröffentlichte (11/02) ein *Special* über *J.R.R. Tolkien* und sein Werk. Desweiteren war der Zeitschrift ein *Special* über Hörspiele von *John Sinclair* beigefügt. Auf der Bücherseite erschienen Titel wie: *Die letzten Henker, Der Schrei der Kelten, Matthias und der Teufel,* oder *Play.* Im letztgenannten Roman geht es beispielsweise um die „ungeschminkte Wahrheit, [...] Schmerz und Liebe, [...] Ohnmacht und dem tiefen, nie enden wollenden Fall, dem nicht nur ein einziger Aufprall folgt."[89]

Orientieren wir uns an der Untersuchung über die Literatur der Gothic-Szene von WALLRAFF[90], erhalten wir eine Einteilung der von den Szenemitgliedern rezipierten Literatur in sechs Bereiche:

1. Romane sowie Erzählungen (hauptsächlich Schauerromane wie von E.A. POE oder BRAM STOKERS Dracula)

---

[89]Orkus (11/02), S. 80.
[90]Vgl.: Wallraff (2000), S. 52-56.

2. magische beziehungsweise okkulte Literatur, zu denen die Werke von CROWLEY und LA VEY zählen, sowie auch übersinnliche Phänomene thematisierende okkulte Sachbücher und Bücher über den Umgang mit den eigenen Kräften wie Meditation oder Hypnose

3. kirchenkritische Literatur, deren Autoren häufig einen theologischen Hintergrund haben wie H. HERMANN oder E. DREWERMANN

4. philosophische beziehungsweise psychologische Literatur wie SARTRE, NIETZSCHE oder ERICH FROMM

5. Lyrik mit Werken von GOTTFRIED BENN oder CHALRES BAUDELAIRE

6. historische Literatur mit Biographien von berühmten historischen Persönlichkeiten oder Berichten von einzelnen Epochen.[91]

Auffallend ist hier das Interesse für psychologische, kirchenkritische und philosophische Literatur. Es wird deutlich, daß es hinsichtlich des Themas Satanismus in der Szene nicht um bloße Provokation mit Hilfe der Präsentation von satanistischen Zeichen geht. Die Szenemitglieder setzen sich mit den unterschiedlichsten Bereichen von Glaubens- und Sinnfragen auseinander, bei denen auch Satanismus eine Rolle spielt. Hier wird der Drang nach Selbstfindung erkennbar, der in der Szene neben der Kenntlichmachung der Individualität und Kreativität wesentlich ist. Der hier dargestellte Themenkomplex überschneidet sich ansonsten mit dem der bereits aufgeführten Stilformen.

Die Zeitschriften der Gothic-Szene veröffentlichen neben den

---

[91]Wie die Gothics diese Bücher nutzen, ob sie beispielsweise die Meditationsbücher oder die psychologische Literatur lesen und den Inhalt auch anwenden, wurde nicht beschrieben.

Büchertips und Vorstellungen von Autoren auch von Lesern verfaßte Gedichte. Der *Orkus* stellt eine Doppelseite in der Mitte des Heftes
für ausgewählte Gedichte zur Verfügung, die restlichen Gedichte erscheinen wie beim *Zillo* in der Rubrik *Grüße / Bekanntschaften* am
Ende der Zeitschrift. Auch wenn häufig von einer Person mehrere Gedichte abgedruckt werden, so ist doch die hohe Anzahl der selbstver-
faßten Gedichte in diesen Zeitschriften auffällig. So wurden im *Zillo*
(07-08/00) 244 Bekanntschaftsanzeigen und Grüße veröffentlicht, davon waren 44 Gedichte.

Welche Themen kommen in ihnen zum Vorschein? Der Großteil der
Gedichte beschäftigt sich mit Liebe, Schmerz, Einsamkeit, Angst und
dem Tod und ist mit einem Nachsatz der Kontaktsuche zu Partnern /
Partnerinnen oder zu anderen Mitgliedern der Szene versehen. Interessant ist unter diesem Gesichtspunkt die Themenauswahl der Gedichte. So sind selbst die Liebesgedichte verbunden mit Erzählungen von
Schmerz, angereichert mit Todesmetaphern oder sexuellen Anspielun-
gen, letztere unter anderem um über die eigenen sexuellen Vorlieben
zu informieren (zum Beispiel SM). Das nachfolgende Gedicht wurde
beispielsweise mit dem Nachsatz der Kontaktsuche versehen:

> Voller Sehnsucht entbrannte ein Feuer, das giftig schien,
> verschlang die Wahrheit und huldigte den Schein. Krie-
> chend durch den Sumpf meiner Gefühle drohe ich zu er-
> sticken, suche Halt, doch der Boden saugt mich hinunter
> ins Dunkel. Reich mir deine Hand zur Rettung! Doch muß
> ich sehen, du wendest dich ab. Läßt mir die Einsamkeit
> meiner Seele bis in den Tod.[92]

Diese Art des Gedichts, die Wortwahl, die Idee der Rettung aus
der Dunkelheit, ist in den Gothic-Magazinen häufig anzutreffen. Ein

---

[92]Zillo (07-08/00), S. 148.

Genuß am Leiden wird thematisiert wie auch die Darstellung der eigenen Einsamkeit, der Ausgeschlossenheit aus der Gesellschaft und das Gefühl, die Gesellschaft wende sich gegen einen. Weiter sind Texte zu finden, die die Probleme der Gesellschaft thematisieren. Diese Texte erzählen vom Krieg, von den negativen Seiten des Fortschritts oder der Konsumgesellschaft.

Neben den Gruß- und Bekanntschaftsanzeigen werden auch Inserate für Jobangebote veröffentlicht. Selbst dabei wird mitunter die Gedichtform benutzt wie zum Beispiel bei einem Inserat zur Suche nach Fotomodellen.

> In Rosen gebettet!!! Dornen dringen ein in Deinen Körper,
> doch das Blut kann nicht mehr fließen. So liegst Du da,
> in ein weißes Laken nur gehüllt. Dein nackter Leib läßt
> Phantasie nun spielen! Gefesselt an Arm und Bein, der
> Tisch soll nun sein ganz Dein. Die Stühle sind noch nicht
> besetzt, doch der Leichenschmaus er steht!!! So will ich
> Dich aufs Photopapier nun bringen. Die Phantasie ist groß
> und ein Ende ist nicht abzusehen!!![93]

Interessant ist hier das Spiel mit nekrophilen Gedanken. Weitere nekrophile Andeutungen konnten in den angegebenen Zeitschriften aber nicht ausgemacht werden. Wenden wir unseren Blick nun auf die Kontaktanzeigen der Szenemitglieder.

Exkurs: Kontaktanzeigen

Welches Bild wird von den Gothics in den Kontaktanzeigen geliefert? Auch an dieser Stelle soll betont werden, daß nur die unten aufgeführten Elemente aus den Anzeigen für die Untersuchung aus-

---

[93]Konstantin Hauser in: Zillo (07-08/00), S. 145. (Rechtschreibfehler berichtigt, U.M.)

gewählt und nicht die Anzeigen in allen ihren Bestandteilen analysiert wurden. Für die Analyse der bevorzugten Freizeitaktivitäten der Szenemagazinleser wurde der *Orkus* (12-01/03) mit 169 Anzeigen herangezogen. Auffällig war die häufige Nennung des Interesses an Burgen, intensiven, tiefgründigen Gesprächen, Spaziergängen, Weintrinken, am Friedhof, Mittelalter sowie an der Nacht. Circa 17 Prozent der Inserenten zählten durchschnittlich zwei dieser Bereiche zu ihrem Hobby. Acht Prozent der Inserenten gaben neben den von ihnen favorisierten Bands (szenetypische Bands) keine weiteren Informationen zu Interessen an, zehn Prozent gingen kreativen Tätigkeiten wie malen, zeichnen nach beziehungsweise war ihnen Kreativität wichtig. Interessant ist, daß bis auf einen Inserenten keine/r der Kontaktsuchenden Sport als ihr Hobby / Interessensgebiet angab. Dieses Phänomen fällt in einer Gesellschaft, in der dem Anschein nach Fitneß und Sport zum Selbstzweck geworden sind, besonders auf. Hier zeigt sich erneut die Abwendung der Gothic-Szene von der Gesellschaft, wie noch im Erklärungsansatz erläutert wird.

Hervorzuheben ist ebenfalls, daß viele der Kontaktsuchenden Pseudonyme verwendeten wie Mortitia[94], Angel of Pain[95], Lady Firepain[96] etc. Auch diese Pseudonyme sind Zeichen für die Ablehnung der heutigen Gesellschaft. Die Gothics legen den Namen, den sie von der Familie erhielten, ab und wählen sich ihren eigenen, bedeutungsbeladenen, szenetypischen Namen. Die Bedeutungen dieser Pseudonyme fügen sich wieder in den genannten Themenkomplex.

Wenden wir uns nun den Bereichen zu, die auf der Zeichenenbene in der Szene eine große Rolle spielen und häufig als Aufhänger für negative Nachrichten in den Massenmedien dienen. Welche Bedeutung haben Magie, rechte Orientierungen, Darstellung von Todessehnsucht

---

[94]Orkus (12-01/03), S. 144.
[95]Orkus (12-01/03), S. 146.
[96]Orkus (12.01/03), S. 148.

und Satanismus? Für diese Untersuchung wurden die Kontaktanzeigen des *Orkus* (11/02), (12-01/03) sowie des *Zillo* (2000) und (07-08/01), insgesamt 601 Anzeigen analysiert. Nur circa drei Prozent der Inserenten geben an, sich für Magie (weiße wie schwarze Magie) zu interessieren, ein Prozent dass sie Sehnsucht nach dem Tod haben sowie circa ein Prozent daß sie Kontakt zu Satanisten suchen beziehungsweise sich selbst dazu zählen. Zwei Prozent der Inserenten äußern sich gegen die Kontaktaufnahme zu Satanisten. Nur drei Prozent machen also in ihren Anzeigen deutlich, daß Satanismus ein Thema in der Szene ist. An dieser Stelle bleibt natürlich die Frage, inwieweit diese Kontaktanzeigen zu Satanisten ernstzunehmen sind beziehungsweise welches Verständnis die Inserenten von Satanismus haben und ob der Wunsch nach Kontaktaufnahme zu Satanisten nicht eher in solchen Fanzines der Szene zu finden ist, die nur über Szenemitglieder erhältlich und nicht für die Öffentlichkeit frei zugänglich sind.

Wie sieht es mit rechter Gesinnung aus? Explizit war von einer rechten Einstellung in keiner der Anzeigen die Rede. Dagegen haben sich nur 0,33 Prozent der Inserenten gewandt, auffallend wenig. Daß rechte Gesinnung in der Szene Thema ist, beweist die Gruppierung GRUFTIES GEGEN RECHTS, die mit Schriften, die sie bei Konzerten und Festivals verteilen, auf rechte Tendenzen hinweisen, wie zum Beispiel auf Bands, die als rechts einzuordnen sind und auch ihre Einstellung propagieren (*Death in June, Blutharsch* etc.)[97] Weitere Gemeinsamkeiten neben dem Schreibstil und der Wortwahl der in Gedichtform verfaßten Anzeigen (siehe oben), auf die hier aber nicht näher eingegangen werden soll, konnten nicht festgestellt werden.

Nachdem zwei Themenkomplexe der Szenezeitschriften kurz in Exkursen dargestellt wurden, wird das Augenmerk nun wieder auf die Szenezeitschrift und hier als letzten Punkt auf ihre Gestaltung gelegt.

---

[97]Näheres zum Bereich rechte Gesinnung in der Szene im Kapitel „Politische Einstellungen"

Gestaltung

Die Musikberichtsseiten des *Zillo* wie auch die Photos der präsentierten Bands sind sowohl in Farbe als auch in schwarz / weiß gehalten. Die Wahl der Farbe scheint beliebig, sie ist nicht abhängig von der Stilrichtung der Band. Interessant ist bei den Farbseiten der Musikberichte, daß die Farbe bei den Photographien größtenteils so eingesetzt wird, daß ein starker Hell / Dunkel-Kontrast ähnlich des Schwarz / Weißen entsteht. Häufig wird dann nur eine Farbe in leuchtendem Ton als Akzent gewählt wie zum Beispiel rot[98]. Auch werden einzelne Farben wie zum Beispiel rot[99] über ein Motiv wie eine Art Filter gelegt, so daß die Hell / Dunkel-Abstufungen nur in dieser Farbe passieren. Werden Berichte mit über einer Seite Länge von einer Band veröffentlicht, so erhalten die Bandnamen je einen eigenen Schriftzug, dessen Stil von extrem verschnörkelt bis schreibmaschinenschriftsartig reicht. Auch das Layout jeder dieser genannten Musikseiten ist von Band zu Band unterschiedlich. So gibt es Seiten, auf denen Photos[100] als Schrifthintergrund oder Symbole als Dekoration am Rand der Seite[101] gewählt werden. Immer werden jedoch Photos der Band beigefügt. Insgesamt kann gesagt werden, daß beim *Zillo* viel Wert auf eine individuelle, sehr ästhetische Gestaltung jeder der Musikseiten sowie auch der Specialseiten (Berichte über Kunst, Sehenswürdigkeiten etc.) gelegt wird. Es wird mit vielen Verfremdungen der Photographien (zum Beispiel halb transparenten Photos, Verwendung von Details der Bilder, Farbveränderungen etc.) gearbeitet, um auf diese Weise ein einheitliches Bild der Seite, eine Verbindung zwischen Schrift und Bild zu erlangen. Die Zeitschrift erscheint wenig bunt, da meist nur eine Farbe eingesetzt wird, mit deren Hell- und Dunkelstufen gespielt wird.

---

[98]Zillo (07-08/01), S. 42, S. 46, S. 50 etc.
[99]Zillo (07-08/01), S. 43.
[100]Zillo (05/01), S. 55, Zillo (07-08/01), S. 28 etc.
[101]Zillo (07-08/01), S. 30 oder Zillo (07-08/01), S. 26.

Trotz der Farbe erhält das Magazin dadurch eine s/w-Ästhetik. Die Gestaltung des Restes der Zeitschrift ist je nach Thema (außer bei der hier untersuchten Ausgabe von 1997) bei allen angegebenen Ausgaben gleich und nicht weiter hervorstechend. Auch hier wird zum Teil mit Hintergrundphotos gearbeitet. Gestalterisch tritt dieser Teil aber hinter die Musik- und Specialseiten zurück. Bemerkenswert ist, daß ca. 25 Seiten für Leserbriefe, -beiträge und Kleinanzeigen zur Verfügung stehen. Diesen Teil der Zeitung können die Leser aktiv mitgestalten. Er wird mit Comics (Dead-Comic)[102] und Werbung aufgelockert.

Im Gegensatz zum *Zillo* ist der *Orkus* bis auf die Titel- und Rückseite in schwarz / weiß gehalten. Beim *Orkus* wird auch wie beim *Zillo* mit starken Hell / Dunkel-Kontrasten gearbeitet, so daß die abgebildeten Gesichter stets bleich wirken, das Make-up (Lippen/Augen) und die Haare sehr dunkel bis schwarz erscheinen. Auffallend ist das schmalere und somit ungewöhnlichere Format sowie die dickeren Seiten, sie erinnern eher an ein Buch als an eine Zeitschrift. Diese Zeitschrift berichtet auf ihren Musikseiten nur über Bands, die von Gothics gehört werden. Die Musikseiten des *Orkus* sind ähnlich wie die des *Zillo* gestaltet. Auch hier sind die Schriftzüge der Bandnamen unterschiedlich, es wird viel mit Symbolen[103] gearbeitet, die sich im Hintergrund der Schrift aber auch im Vordergrund zum Beispiel als Randdekoration befinden. Einzelne kleine Bilder erhalten hier einen Rahmen,[104] der je nach der Gestaltung der Seite verschnörkelt aber auch glatt sein kann. Wie sind die Musiker(innen) im *Orkus* und im *Zillo* abgebildet? Auffallend ist, daß nur sehr wenige Personen in beiden Zeitungen normal lächelnd dargestellt sind. Männliche wie weibliche Personen werden mit drohenden, aggressiven, melancholischen oder ernsten, traurigen aber auch erotischen Gesichtsausdrücken abgebildet. Es wird

---

[102]Dieser Comic karikiert den Gothic und seine Wirkung auf die Gesellschaft.
[103]Orkus (11/02), passim, besonders S. 30, S. 42.
[104]Orkus (11/02), passim, besonders S. 28, S. 31, S. 43.

deutlich, daß die Bandmitglieder sich gern nachdenklich, „böse" und erotisch präsentieren nicht aber fröhlich und freundlich. Beliebte Hintergrundmotive sind je nach Musikrichtung Schlösser, Burgen, Wälder, aber auch Industriegebäude und kahle Landschaften.

Orte also, die eine hohe Symbolkraft haben und Zeichenträger sind für Vergangenheit (Burgen, Schlösser), Leblosigkeit (kahle Landschaften), den Gegensatz von Natur und Kultur (Wälder, Industriegebäude), Leben (Wälder[105]), Mystizismus (Hier hat wie im Kapitel Events deutlich wurde, das Schloß / die Burg eine neue Konnotation erhalten, aber auch der Wald, der in Märchen, Mythos und Volksglauben oft als dunkel und geheimnisvoll, als Reich der Hexen und Geister dargestellt wird[106], ist hier einzureihen) sowie im weiteren Sinne für Gewalt (Burg als Zeichen der Macht und Unterordnung).

Der *Orkus* stellt nur 14 Seiten für Kleinanzeigen und Grüße / Bekanntschaften zur Verfügung, diese sind wie beim *Zillo* in einer kleineren Schriftgröße und in Spaltenform gedruckt. Die Inseratseiten werden beim *Orkus* mit Photographien von Gräbern und mit Werbung aufgelockert. Die ästhetische Gestaltung spielt beim Orkus, bemerkbar auch am ungewöhnlichen Format und den dickeren Seiten, eine noch größere Rolle als beim *Zillo*.

Orkus und *Zillo* legen wie in diesem Kapitel deutlich geworden ist, viel Wert auf eine ästhetische Gestaltung. Dieser Drang nach Ästhetisierung ist wesentlich in der Szene und zieht sich durch alle Stilgebiete. In beiden Zeitschriften wird mit Symboliken als Dekoration der Seite gearbeitet und beide Zeitschriften erhalten unter anderem durch die Farbgebung beziehungsweise die s/w Gestaltung und durch die nachdenklich, böse und erotisch wirkenden Gesichtsausdrücke der abgebildeten Musiker(innen) eine düstere, zum Teil gruselige bis morbide, aber auch erotisch aufgeladene Atmosphäre. Der *Orkus*, der sich

---

[105]Lurker (1991), S. 811.
[106]Lurker (1991), S. 811.

auf die Gothic-, Industrial- und Electro-Szene spezialisiert hat, erzeugt durch seine Gestaltung einen noch extremeren Grad der zuletzt beschriebenen Atmosphäre. Die Gestaltung der Szenezeitschriften unterscheidet sich stark von der anderer Magazine. Neben der Gestaltung kontrastiert aber auch der Inhalt dieser Fanzines zu dem der sonst üblichen Jugendzeitschriften. Obwohl Outfit und Mode, das Sprechen über und das Zeigen von Sexualtität[107] zum Beispiel eine wichtige Rolle in der Szene inne hat, waren diese Bereiche in keinem untersuchten Fanzine Thema. Diese Themen stehen aber neben Berichten über Musik im Zentrum vieler anderer Jugendzeitschriften wie zum Beispiel der *Bravo*. In den Zeitschriften der Gothic-Szene erscheinen im Gegensatz dazu Themen von höherer kultureller Bedeutung wie Literatur und Kunst. Der Wunsch nach Abgrenzung von der als oberflächlich und sorglos empfundenen, bunten Umwelt[108] wird also sowohl auf der Gestaltungs- wie auch auf der Inhaltsebene der Fanzines der Szene offenbar. Auch die Themen und Bedeutungen, die in den Zeitschriften erkennbar sind, spiegeln dies wider. In der Gestaltung spielen besonders die Themen Grauen und Vergängliches eine große Rolle. In Literatur, Kontaktanzeigen und anhand der Auflistung der Themen der Zeitschriften lassen sich die Komplexe Vergangenheit (hauptsächlich Mittelalter), Vergängliches (zum Beispiel Berichte / Bilder von Friedhöfen, Ruinen, Vampirismus, Todesthematiken in Kontaktanzeigen und Gedichten), Werdendes (Wälder), Religion (zum Beispiel in Form kirchenkritischer Literatur), Satanismus (Literatur, wenig bei Kontaktanzeigen), Mystizimus (mit Schwerpunkten Magie und Esoterik, sowohl in Form von Berichten als auch Kontaktanzeigen, Literatur), Grauen (Literatur, in Berichten, Kontaktanzeigen),

---

[107]Einer der zentralen Werte der Szene ist Offenheit. Aus diesem Wert resultiert, daß es in der Szene möglich ist, über fast alle Themen so unter anderem auch über Sexualität zu sprechen. Mehr hierzu im Abschnitt Erklärungsansatz / Einstellungen und Werte.

[108]Mehr hierzu im Kapitel 3.5

Gewalt (Literatur, Interesse an beziehungsweise Abbildungen von Ruinen und Burgen) und Willenloses (zum Teil Kontaktanzeigen) ausmachen. Ein weiterer Themenkomplex ist der Bereich Extreme Gefühle wie unglückliche Liebe, sexuelles Verlangen, Trauer, Einsamkeit und Angst. Diese Gefühle wurden besonders in den Kontaktanzeigen und Gedichten geäußert.

Internet

Laut GOOGLE[109] existieren 3.860.000 Links zum Thema Gothic im gesamten Web. Aus Deutschland kommen 237.000 Seiten. Zu Gothic und Szene lassen sich auf Deutschland bezogen 26.100 Seiten finden. Die Suchmaschine zeigt 35 Seiten mit Gothiclinks aus der „subculture" an, die Seite www.gothic-links.de präsentiert über 1.600 Seiten zum Thema Gothic. Es wird deutlich, das Internet spielt eine große Rolle in der Gothicszene. Was wird auf diesen Seiten thematisiert?

Die letztgenannte Seite bietet Links aus den Bereichen Magie, Kunst, Erotik, Musik, Einkaufsmöglichkeiten sowie Online- und Print Magazine an. Jeder dieser Links wurde bewertet unter anderem danach, wie „gruftig" die Seite gestaltet ist. Die Gestaltung dieser Seiten ist dementsprechend ähnlich, hauptsächlich in schwarz beziehungsweise in dunklen Farben gehalten und mit Photos (meist schwarz / weiß) beziehungsweise mit Symbolen dekoriert. Auffallend ist auch die hohe Anzahl der Seiten mit Chatmöglichkeit. Kontaktsuche und -ausübung ist, wie auch der hohe Anteil von Kontaktanzeigen deutlich machte, sehr wichtig in der Szene. Die Seite www.community-of-darkness.com[110] bietet beispielsweise die Möglichkeit an, zu den unterschiedlichsten Themen seine Meinung zu äußern und mit anderen

---

[109]www.google.de Stand: 12.02.03, 11.00 Uhr.
[110]Eine vergleichbare Seite ist www.nachtwelten.de, auf der ähnliche Themen und Schwerpunkte aufgeführt sind.

Mitgliedern darüber zu diskutieren. Auf dieser Seite sind bereits circa 300 Mitglieder registriert[111], es nehmen aber auch Nichtregistrierte (Gäste) an den Diskussionen teil. Interessant ist, daß die Mitglieder jeweils unter einem Pseudonym schreiben, das mit einem Bild und einem Spruch (einer Art Motto) verbunden ist. Das Faible für Pseudonyme wurde bereits bei der Betrachtung der Kontaktanzeigen erwähnt.

An dieser Stelle folgt nun eine Auflistung der Hauptthemen dieser Internetseite sowie in Klammern die Anzahl der Unterthemen / Anzahl der Antworten zum Hauptthema. Die Hauptthemen sind: Politik (47/796), ab 18 – Gespräche über Pornos und Splatterfilme (2/31), Rollenspiele (50/1987), Seelenschmerz – Gespräche über eigene psychosomatische Krankheiten mit Unterthemen Eßstörungen und selbstverletzendes Verhalten, wie auch über Kummer allgemein – (10/185), Weltreligionen / Mythen – (12/224) mit Unterforum Satanismus (21 / 1306), Körperkult (5/87), Träume (7/65), Philosophie (32/472), Wissenschaft (9/106), Ethik / Moral (15/289), Vergangene Zeiten (6/100), Vampire / Dämonen / Geister (11/300), Hexerei / Zauberei / Magie (33/499), Gothic-Board – mit Diskussionen über die Szene (27/261), Kunst (12/101), Erotik (15/166), Gedichte / Geschichten / Gedanken (411 / 1868), Literatur (40/345), eine Geschichte, die mit anderen Mitgliedern zusammen geschrieben wird (6/457), Kontakte / Chat (43/754), Kino / Video / Fernsehen (37/653), Musik (107/2276), Flohmarkt (11/63), Comics / Manga / Anime (20/170). Aus der Anzahl der Antworten ist zu erkennen, welche Themen den Teilnehmern am interessantesten erscheinen. Die meisten Beiträge sind neben Musik bei Rollenspielen, Gedichten / Geschichten /Gedanken, Satanismus sowie bei Politik zu verzeichnen. Geht man davon aus, daß ein Großteil der Mitglieder dieser Seite der Gothic-Szene angehört[112], kann

---

[111]Stand: 02.02.2003, 12.57 Uhr.

[112]Diese Behauptung kann gemacht werden, denn die Seite ist für Mitglieder der Gothic-Szene gemacht, was man an der Gestaltung, am Titel der Seite, an der

man aufgrund dieser Daten behaupten, daß die Szenemitglieder an Politik interessiert sind.[113] Weiter ist aus den Daten zu erkennen, daß ein sehr hohes Interesse besteht, eigene Gedanken / Gedichte etc. zu veröffentlichen. Auch hier wird also, wie schon bei den Kontaktanzeigen, der Wunsch nach Offenbarung und der Wille, sich mit kreativen Bereichen auseinanderzusetzen, deutlich. Ebenso das Thema Seelenschmerz mit dem Unterthema selbstverletzendes Verhalten ist ungewöhnlich. Elf Teilnehmer gaben an, sich selbst zu verletzen, indem sie ihre Haut aufschneiden und beschrieben zum Teil genau, wie sie sich dabei fühlten. Dieses Thema wird auch auf der Gothic-Seite www.traenenfluss.de aufgeführt. Daß selbstverletzendes Verhalten auch bei nicht der Szene zugehörigen Personen auftritt, ist unbestreitbar. Ob dieses Verhalten allerdings gehäuft bei Mitgliedern der Gothic-Szene auszumachen ist, kann an dieser Stelle nicht beantwortet werden. Bemerkenswert ist hier zumindest, daß starkes Interesse am Austausch über psychische Probleme und auch über Gefühle, wie bei der Anzahl der veröffentlichten Gedichte deutlich wird, besteht.

Daß die Themen Religion, Magie, Vampire, Dämonen, Vergangene Zeiten für die Szene von Bedeutung sind, wurde bereits in den Kapiteln zum Stil der Gothics dargestellt. Auch auf dieser Internetseite sind sie präsent. Allgemein wird durch die Themenauswahl deutlich, daß eine hohe Affinität zu geschichtlichen, politischen, künstlerischen sowie philosophischen Themen besteht.

Bevor wir nun die Betrachtung der Gothic-Szene im Internet abschließen, soll als letztes der Umgang der Gothics mit dem Thema Satanis-

---

Themenauswahl sowie an dem Bewertungskriterium der Seiteninhaber – wie gruftig die Seite aussieht – festmachen kann.

[113]Eine Umfrage, die sich ebenfalls auf der Seite befand, auf welcher Seite man sich politisch einordnen würde, kann allerdings nicht zur Bestimmung der politischen Einstellung der Szenemitglieder dienen, denn nur 27 Stimmen wurden abgegeben. Von diesen bezeichneten sich 18% als linksextrem, 33% als links, 40% der Mitte zugehörig, 2% rechts und keiner als extrem rechts. Fraglich ist hier, welches Verständnis der Stimmabgeber von links beziehungsweise rechts hat.

mus untersucht werden. Die hohe Anzahl der Unterthemen wie auch der Beiträge zu diesem Thema zeigen ein starkes Interesse der Mitglieder dieser Seite am Thema Satanismus. Drei Unterthemen – „Kann man Satanismus mit Rechtsradikalismus in Zusammenhang bringen?", „Satan-kategorie" sowie „Glaubensfrage" wurden auf Kenntnis des Themas sowie auf die Einstellung der Antwortenden zum Thema betrachtet. Zu beiden Themen existierten insgesamt 129 Beiträge, daran beteiligt waren insgesamt 47 Personen. Von den Beteiligten wiesen 16 Mitglieder tiefergehende Kenntnisse zum Thema Satanismus auf. Als Kenner wurden diejenigen bezeichnet, die Kenntnisse über die einzelnen Kirchen / Richtungen des Satanismus beziehungsweis die genauere Kenntnisse über die Herkunft Satans hatten. Als Satanisten bezeichneten sich drei der 40 Personen, die ihre Einstellung und Kenntnisse aber nicht weiter deutlich machten. Bei der Betrachtung des Satanismusforums wird erkennbar, daß Satanismus in der Szene sehr wohl eine Rolle spielt, aber nur in seltenen Fällen praktiziert wird. Hier kann mehr ein Kenntnisinteresse der Szenemitglieder angenommen werden. Bemerkenswert ist, daß die Anzahl der Themen und Beiträge zum Satanismus diejenigen des Forums Weltreligion/Mythen um das sechsfache übersteigt. Es besteht demnach ein besonders hoher Wunsch sich über Satanismus als eine der Glaubensformen auszutauschen.

Neben der Kommunikation, der Kontaktaufnahme zu anderen Szenemitgliedern kommt dem Internet aber noch eine weitere Funktion in der Szene zu. RICHARD[114] bemerkte auf den Internetseiten der Gothics eine hohe Anzahl von Bildergalerien, auf denen Photographien von nebelverhangenen Burgen, Schlössern, Friedhöfen und ähnlichem zu finden waren. Mit Hilfe der Repetition der stark zeichenhaften Bilder und ihrer Bedeutungen, die im Internet als auch, wie beschrieben,

---

[114]Vgl.: Richard (1997), S. 136-138.

in den Szenezeitschriften eine große Rolle spielen, wird es den Gothics möglich, ihre die Szene ausmachenden Themen und Mythen immer wieder in Umlauf zu bringen und auf diese Weise die Szene und ihre Interessensgebiete zu konstituieren. Das Internet bekommt somit noch eine weitere Bedeutung für die Szene. Es wird „zum virtuellen Archiv des Stils"[115].

2.9 Fazit Selbstpräsentation

Die Elemente Sprache, Musik, Kleidung, Wohnraum, Treff- und Begehungspunkte, Events sowie Szenemedien deuten auf die Beschäftigung mit den Themen Vergangenheit, Vergängliches, Werdendes, Religion, Satanismus, Mystizismus, Grauen, Gewalt, Willenloses und Extreme Gefühle in unterschiedlichen Ausprägungen hin.[116] Allgemein kann gesagt werden, daß bei den Gothics ein starker Drang zur Selbstpräsentation vorliegt. Alle ihrer möglichen Bereiche werden genutzt, um die eigene Einstellung und somit auch die Abweichung von der Gesellschaft und Abgrenzung zu anderen Szenen deutlich zu machen. Selbst der Geburtsname wird häufig in der Szeneöffentlichkeit abgelegt und gegen ein Pseudonym, das sich im übrigen in die Auswahl der oben genannten Themenkomplexe einfügt, ersetzt. Wie hoch der Wunsch nach Erkennbarkeit des Besonderen und der Szenezugehörigkeit ist, wird besonders deutlich bei der Betrachtung der Wahl der Kleidung der Gothics und bei der Rolle, die diese im Leben der einzelnen spielt. Für die Zusammenstellung des Outfits wird viel Zeit und Geld aufgewandt. Styling und das Photographieren der fertigen Kreation werden schon selbst zum Event.

In allen Bereichen der Selbstpräsentation liegt eine hohe Vielfalt vor,

---

[115]Richard (1997), S. 138.
[116]Eine Übersicht über die Zeichen in den jeweiligen Stilgebieten befindet sich im Anhang Fig. 5.

es gibt nicht nur viele Varianten der einzelnen Stilformen sondern auch Vermischungen. Neben der Musik spielen Kunst, Literatur und Kreativität eine starke Rolle in der Szene. Viele Gothics drücken ihre Gefühle in Form von Gedichten oder Gemälden aus beziehungsweise konsumieren Kunst und Literatur, die sich mit den sie interessierenden Themen auseinandersetzen. Die oben genannten Themen werden also nicht nur in Form von Zeichen in der Kleidung oder in der Nutzung von stark zeichenhaften Orten und ähnliches deutlich, sondern es findet eine Auseinandersetzung mit ihnen statt. Dies hat das Kapitel über Szenemedien anschaulich gemacht. Dem Internet kommt in der Gothic-Szene neben der Kommunikationsfunktion eine weitere besondere Bedeutung zu. Die Gothics nutzen das Netz als virtuelles Archiv ihres Stils. So zirkuliert ein gewisses Repertoire von Bildern mit den gothictypischen Symboliken.

Die Gothic-Szene kann als eine die Extreme liebende Jugendkultur beschrieben werden. Extrem sind die Glaubensrichtungen (Beschäftigung mit Satanismus), die Selbstpräsentation (Treffpunkte wie Friedhöfe, Kleidung /Make-up, Körperschmuck) sowie die Form der Beschäftigung mit der Sinnfrage, deren Relevanz in der Szene unter anderem durch das Interesse an Religion, Satanismus und mystizistischen Themen erkennbar wird. Die Auseinandersetzung mit dem Tod nimmt eine wichtige Position bei dieser Beschäftigung ein. Was wird nun aber bei der Betrachtung des Themenkomplexes, mit dem sich die Szene beschäftigt, deutlich? Erinnern wir uns an die Darstellung der Herkunft der Bezeichnung „Gothic". Der Name der Szene wurde, wie schon im Abschnitt „Geschichte der Gothic-Szene" erläutert, in der Geschichte mit der Faszination an Bestrafung, Brutalität, Terror und Barbarei verbunden, die ihren besonderen Ausdruck in den *gothic novels* des 18. Jahrhundert fand. Existiert nur ein namentlicher Bezug der Szene zur gotischen Literatur oder lassen sich weitergehende Gemeinsamkeiten finden? Zwei Dinge sind vorab zu diesem Thema anzuführen. Angemerkt wurde bereits, daß erstens das Schönheitsideal im 18. Jahrhundert dem der Gothic-Szene ähnelte und zweitens sich *gothic novels* großer Beliebtheit in der Szene erfreuen. Um die Frage nach den Verbindungen zwischen Gothic-Szene und der gotischen Literatur klären zu können, soll an dieser Stelle in einem Exkurs dargestellt werden, was in der Romantik und im besonderen in der romantischen Literatur von Bedeutung war.

Exkurs: Romantikbild[117] in der Literatur

Die romantische Haltung, die von England ausging, hat sich ab ca. 1800 durch alle Bereiche des geistigen Lebens gezogen.[118] Sie fand ihren Ausdruck in der Kunst, Musik und Literatur. Zu beobachten waren im Zeitalter der Aufklärung unter anderem Melancholie und die Angst vor einem ohnmächtigen Ausgeliefertsein gegenüber unbekannten Kräften. Diese Melancholie und Angst ist auch bei den Helden und Heldinnen der Romane der Romantik wiederzufinden. BY-RON schuf mit Harold eine Figur, die an Heldentum verloren hatte. Der BYRONsche Harold war „von Schmerz und Trauer bewegt, ein dunkler Wanderer und Ausgestoßener seiner eigenen Seele und in der Jugend schon alt geworden in dieser Welt der Schmerzen"[119]. Diese Charakterisierungen waren typisch für die Literatur der Romantik. Betrachten wir die Erläuterungen zu den von SCHULZ zusammengefaßten drei Aspekten, die in dieser Literatur der Romantik verwoben auftauchen – die Historie, die Psychologie und Moral – finden wir die obengenannten Punkte wieder. Der historisch-gesellschaftliche Aspekt beinhaltet

---

[117]Auskunft über die gothic novels gibt auch das Kapitel Entstehung der Gothic-Szene.

[118]Vgl.: Jahn / Haubenreißer (1995), S. 728-730.

[119]Schulz (1996), S. 104.

Reaktionen auf Verhältnisse und Situationen, also Ent-
täuschung, Resignation, Weltflucht, Entsagung und Op-
ferbereitschaft, aber ebenso Rebellentum und Missions-
bewußtsein. [...] [Erhöhte] Sensibilität und Reflexivität
mit Folgen, die sich nicht mehr nur direkt auf historische Umstände beziehen lassen, wie Melancholie, Ennui,
Weltschmerz, Unrast, Gefühlsleere, Liebesunfähigkeit, Zy-
nismus, aber zugleich Sehnsucht und Schwärmerei ebenso
wie Geistesstörungen verschiedener Art[120]

zählen zum psychologischen Aspekt. Im Mittelpunkt steht hier
die psychologische Reflexion, die Darstellung der „Gründe und Ab-
gründe der menschlichen Seele"[121]. Der moralische Aspekt umfaßt
die Folgen aus den ersten Aspekten. Zu ihnen gehören beispielsweise
Selbstzerstörung beziehungsweise Vernichtung anderer, Menschenver-
achtung etc.

Das Interesse an Geschichte äußerte sich nicht nur als Reaktion der
Helden auf die historischen Verhältnisse. In der Romantik fand ein um-
fassender Aneignungsprozeß deutscher Literatur des Mittelalters statt.
Mittelalterliche Burgen, Schlösser, Ruinen gewannen in der Epoche
der Romantik wieder an Bedeutung. Wichtig für das Verständnis ist
hierbei, daß das Interesse am Mittelalter nicht nur auf einem Kenntnisinteresse fußte. Mangelndes Wissen bot vielmehr Platz für Phantasie.
So dienten die Bauten besonders als atmosphärische Kulisse der Romane dieser Zeit.[122]

Auch die Religion spielte eine Rolle in der Romantik. Künstler der
Romantik bezogen sich in ihrem Werk häufig auf Biblisches. Vorstellungen, Bilder und Empfindungen des Christentums wurden benutzt. Der christliche Glauben der Künstler der Romantik ist aber

---

[120]Schulz (1996), S. 112.
[121]Schulz (1996), S. 112.
[122]Vgl.: Schulz (1996), S. 122.

nicht zu verwechseln mit christlicher Frömmigkeit. Es fand hier vielmehr eine Auseinandersetzung mit dieser Frömmigkeit sowie mit der
historischen Funktion des Christentums statt. So stimmte man für
die Säkularisierung des christlichen Glaubens. Die Schauerliteratur,
die zur „schwarzen Romantik" beziehungsweise zu den „Nachtseiten"
gezählt wird, drückt ihren Bezug zur christlich-romantischen Kultur
durch ein in der Literatur ambivalent bleibendes Christliches aus.[123]
In den *gothic novels* gewann Satan in der Darstellung des Rebellen
an Bedeutung. LORD BYRON, der selbst wie der MILTONsche Satan
erschien, schuf unter anderem mit *Cain* ein wichtiges Werk des literarischen Satanismus. Ein weiteres, wichtiges Thema der *gothic novels*
war das Spiel mit der Aufhebung der Grenze zwischen Leben und Tod,
verkörpert im Vampirmythos.

Vergleichen wir nun diese Themen mit den in der Arbeit herausgearbeiteten Interessensgebieten der Szenemitglieder, so läßt sich erkennen, daß es sich bei den Themen der Gothic-Szene um Themen der
Romantik handelt. Der Titel der Szene, die Zeichen und Themen haben also Bezug zur Epoche der Romantik und im besonderen zu den
gothic novels.

Mit dem Fazit ist der erste Teil der Arbeit, die Selbstpräsentation abgeschlossen. An dieser Stelle folgt der Erklärungsansatz. Darin wird
erläutert, was hinter den von der Szene benutzten Zeichen steht, um
somit abschließend zeigen zu können, inwieweit die eingangs aufgeführten Urteile Berechtigung haben.

---

[123]Vgl.: Schulz (1996), S. 97ff.

3 Erklärungsansatz

In diesem Kapitel sollen die Szene und ihre Mitglieder weiter erfaßt werden. Folgende Fragen werden dabei zu klären versucht: Gibt es eine vergleichbare Herkunft der Mitglieder und vergleichbare Wege in die Szene? Welches Lebensgefühl, welche Einstellungen, Werte und Glaubensrichtungen haben die Mitglieder? Welche Rolle spielt der Tod in der Szene? Ist die Entwicklung der Gothic-Szene vergleichbar mit der anderer Szenen? Welche Stellung hat die Szene in der Gesellschaft? Der Fokus bei der Beantwortung dieser Fragen liegt darauf, wie die Szenemitglieder mit den Themen der Selbstdarstellung umgehen. Bleibt die Bearbeitung eher auf der ästhetischen Ebene oder erfolgt eine tiefergehende Auseinandersetzung mit den Themen? Bevor der Blick auf diese Problematik gewendet wird, soll als erstes geklärt werden, in welchen gesellschaftlichen Rahmen die Gothic-Szene eingebettet ist und welche Funktion die Szene in der heutigen Gesellschaft hat.

3.1 Gesellschaftlicher Rahmen

JANKE / NIEHUES definieren Szenen als die „Gesellschaftsordnung der 90er Jahre." Sie entstehen dort „wo Menschen freiwillig gemeinsame Interessen, Wertvorstellungen und Freizeitaktivitäten entwickeln oder ganz einfach die gleichen Konsumartikel schön finden. Szenen sind soziale Netzwerke. Sie weichen die alten Strukturen der Gesellschaft, also soziale und lokale Herkunft oder Bildungshierarchien, auf und erzeugen neue."[1]

Warum ist das Phänomen Szene so wichtig geworden? Die Funktion der Szene ist nach JANKE / NIEHUES, die als unübersichtlich empfundene Welt mit ihren unüberschaubaren Konsum-, Werte- und Lebensstilangeboten in gleichartige Sinnsysteme zu gliedern, den Szeneangehörigen Halt und eine Orientierungsmöglichkeit zu bieten.[2] Alte Autoritäten und Instanzen wie Familie, Politik und Kirche haben an Einfluß in Bezug auf die Wertevermittlung verloren. Die früher gültigen Wertvorstellungen und Normen wurden aufgeweicht.[3] Es hat eine Entlassung aus den traditionellen Gemeinschaftsbindungen, Arbeits-, Sozial- und Lebensformen stattgefunden. Aufgrund der Mobilitäts- und Bildungschancen ist jeder Mensch „frei" und nicht zwingend durch seine Herkunft vorherbestimmt. Er hat die Wahl, wird aber auch *gezwungen* zu wählen, zwischen den verschiedenen Möglichkeiten der Partnerbindung, der Bildungs- und Berufswege, der Religion sowie seiner Persönlichkeitsentwicklung. FERCHHOFF / NEUBAUER sprechen von einer Enttraditionalisierung und Entstrukturierung unserer Gesellschaft. Das enttraditionalisierte Leben wird tendenziell „zum Selbstentwurf der Lebenssinngestaltung jenseits kollektiver Vorgaben."[4] Mit der Aufweichung und Infragestellung von Traditionen, Werten und Normen, von Gemeinschaften etc. werden auch Risiken erfahrbar, Gefühle der Verunsicherung, der Ohnmacht oder der Überforderung können auftreten. Folgen sind subjektive „Krisenerscheinungen wie Anomie, Entwurzelung, Sinnverlust, Einsamkeit und Kontaktunfähigkeit."[5] Laut der Shell-Studie 2000 sind bei der Jugend aber kaum Ohnmachts- oder Überforderungsgefühle zu bemerken, was den Forschern nach ein Zeichen dafür ist, daß die Jugendli-

---

[1] Janke /Niehues (1996), S. 17.
[2] Vgl.: Janke / Niehues (1996), S. 20.
[3] Vgl.: Ferchhoff / Neubauer (1997), S. 17-18. Sowie Janke / Niehues (1996), S. 14.
[4] Ferchhoff / Neubauer (1997), S. 36.
[5] Ferchhoff / Neubauer (1997), S. 29.

chen tatsächlich in der Lage sind, ihre Identität und ihre Wertorientierungen „aus Versatzstücken selbst und eigenverantwortlich zusammen[zu]basteln."[6]

Ein neues wichtiges Strukturmerkmal sind „die alltagsästhetischen Ordnungsschemata des Erlebnismarktes"[7] geworden. Das Erlebnis wird zum unterhaltenden Selbstzweck, Produkte wie auch Dienstleistungen müssen einen Erlebniswert präsentieren, um am Markt erfolgreich sein zu können. „Gegenwartsbezogene erlebnisorientierte Glücksversprechen"[8] und das Ideal *arbeiten um zu leben* haben das Ideal *leben um zu arbeiten* sowie die „Handlungsmuster der aufgeschobenen Befriedigung"[9] ersetzt. Das Streben nach immer ausgefalleneren Erlebnissen und Spaß führt allerdings häufig nicht zu Befriedigung, Lebensfreude und Erkenntnis des Lebenssinnes, sondern mündet oftmals in Langeweile und das Gefühl der Sinnlosigkeit.

Ästhetik und Äußerlichkeiten in Form von inszenierten Selbstdarstellungen nehmen an Bedeutung zu. Szenen konstituieren sich nach Äußerlichkeiten, die mit Bedacht gewählt werden und eine bestimmte Wertewelt, Lebenshaltung und Sicht des Lebens symbolisieren. Szenezugehörigkeit und Wahrnehmung werden hauptsächlich durch den Lebensstil strukturiert.[10] Gesellschaftliche Ungleichheiten sind immer schwerer durch Modebetrachtungen zu erkennen. Auf der Zeichenebene ist eine zunehmende Entwertung von Symbolen auszumachen. Durch die Samplekultur, die Aussagen durch ihre dekonstruktivistische Methode in neue Zusammenhänge rückt und auf diese Weise ironisieren und unterhöhlen kann und „die freie Verfügbarkeit und Kombinierbarkeit aller Symbole predigt"[11], werden Symbole zu Mas-

---

[6]Shell (2000), S. 95.
[7]Ferchhoff / Neubauer (1997), S. 26.
[8]Ferchhoff / Neubauer (1997), S. 29.
[9]Ferchhoff / Neubauer (1997), S. 29.
[10]Vgl.: Ferchhoff / Neubauer (1997), S. 99.
[11]Janke / Niehues (1996), S. 134.

senware, zu wertfreien Ornamenten.[12]

Welche Rolle spielt nun die Gothic-Szene in diesen gesellschaftlichen Umständen?

3.2 Herkunft / Wege in die Szene

Um sich dieser Frage zu nähern, sollen als erstes die Herkunft und die Motive für den Szeneeintritt der Jugendlichen geklärt werden. Gibt es eine vergleichbare Herkunft der Szenemitglieder? Über den sozialen Status der Szenemitglieder kann keine Aussage gemacht werden. FARIN behauptete zwar in seiner Beschreibung, die Mitglieder der Gothic-Szene kämen ursprünglich aus gesicherten, kulturell gebildeteren Familienhäusern.[13] Inwieweit dies auf die heutigen Szenegänger noch zutrifft, kann nicht beurteilt werden, da hierzu empirische Untersuchungen fehlen. Die Behauptung FARINS erscheint in dem Sinne jedoch glaubwürdig, wonach Gothics sich mit philosophischen Themen auseinandersetzen, was eher in höher gebildeten Kreisen zu vermuten ist.

HELSPER macht in seiner Arbeit deutlich, daß viele Szenemitglieder aus problembelasteten Familien stammen, dieser Hintergrund aber nicht für alle Szenemitglieder die gleiche Bedeutung in Bezug auf den Szeneeinstieg hatte. Probleme wie Trennungserfahrungen, familiäre Kommunikationsschwierigkeiten und das Zerbrechen der Familie äußern Interviewte bei HELSPER wie auch bei STOCK / MÜHLBERG[14] als überdurchschnittlich häufig auftretendes Phänomen bei den Gothics. HELSPER gibt einen gemeinsamen Einstiegsgrund an – der Wunsch nach einer deutlichen Abgrenzung gegenüber den Eltern. Die elterliche Art der Lebensführung wird stets als Negativbeispiel emp-

---

[12]Vgl.: Janke / Niehues (1996), S. 129-135.
[13]Vgl.: Farin (2001), S. 8 ff.
[14]Vgl.: Stock / Mühlberg (1990), S. 102, 103.

funden. Somit bauen sich die Szenemitglieder einen dem elterlichen entgegengesetzten Selbstentwurf und Lebensstil auf.[15]

Wie kommt es aber zur Wahl der schwarzen Szene? Bei der Wahl der Gothic-Szene spielt das Lebensgefühl der Jugendlichen eine entscheidende Rolle. HELSPER gibt Traurigkeit und Melancholie, verursacht durch den familiären Hintergrund und verstärkt unter anderem durch adoleszente Krisen, an. Probleme wie Außenseitertum, Einsamkeit, Kontaktschwierigkeiten, starke Zukunftsängste und das Gefühl von Sinnleere und Unverstandensein erscheinen gehäuft in den Interviews bei STOCK / MÜHLBERG.[16] Es wird deutlich, daß die Szenemitglieder nicht wie der Großteil der Gleichaltrigen in der Lage sind, mit den im Abschnitt „Gesellschaftlicher Rahmen" geschilderten Anforderungen der heutigen Gesellschaft fertig zu werden. Sie weisen sehr wohl Ohnmachtsgefühle auf.

FARIN / WEIDENKAFF wie auch HELSPER[17] nennen weiter den Wunsch des Ausbruchs aus stark religiös und sozial kontrollierten Strukturen wie zum Beispiel in der Enge des heimatlichen Dorfes üblich. Eine Abwehrhaltung gegenüber der Instanz Kirche, Probleme in Schule und Partnerschaft und der „Verlust nahestehender Menschen"[18] werden ebenfalls als Motive für den Szeneeintritt genannt. Inwieweit diese problematischen Umstände gehäufter bei Mitgliedern der Gothic-Szene auftreten als bei anderen Jugendlichen, wurde bisher noch nicht statistisch untersucht. Gemeinsam ist den Interviewten aber die „Reaktion" darauf: das entstandene Lebensgefühl. Die interviewten Szenemitglieder betonen häufig, daß die „schwarze Ein-

---

[15]Problematisch ist hierbei, daß durch die Kommunikationsprobleme und die strikte Ablehnung der elterlichen Lebensführung keine kritische Auseinandersetzung mehr mit den Eltern und derem Lebensentwurf stattfinden kann, die Wahl der eigenen Lebensführung wird vielmehr zu einer Negation, zu einem Bruch. Vgl.: Helsper (1992), S. 232.

[16]Vgl.: Stock / Mühlberg (1990), S. 51, 66, 70, 89, 91.

[17]Vgl.: Helsper (1992), S. 238.

[18]Farin / Weidenkaff (1999), S. 43.

stellung" schon vor der Zugehörigkeit zur Szene vorhanden war.

Es wird deutlich, daß die „Sehnsucht nach Sinn, nach Austausch, Gemeinschaft und sozialer Heimat, nach Bestätigung der eigenen Position in anderen Meinungen [und] Aufbruch (Sozialkritik)"[19] eine zentrale Rolle für die Wahl der schwarzen Szene spielt. Inwieweit diese Sehnsucht in der Szene erfüllt werden kann, ist umstritten. Der Kontaktwunsch wird nur schwer erfüllt. HELSPER berichtet, daß viele Gothics cool und unnahbar wirken und Kontakte zwischen Fremden nur selten zustande kommen.[20] Auch eine Interviewte bei FARIN macht dieses Problem deutlich. Kontakte würden meist nur über Bekannte erfolgen.[21] Die Gothic-Szene bietet aber zumindest die Möglichkeit, die erlebten Probleme und das Gefühl der Sinnleere zu artikulieren, sie auf einer ästhetischen Ebene öffentlich zu äußern.[22]

3.3 Lebensgefühl

Es wurde bereits angesprochen, daß ein verbindendes Element der Szenemitglieder das Lebensgefühl ist. Wie sieht dieses Lebensgefühl nun aus? ZIMMERMANN gibt an, daß viele Gothics mit der Welt unzufrieden seien.[23] Auch die Interviewpartner von STOCK / MÜHLBERG äußern sich negativ über die vom Menschen verursachte Umweltverschmutzung, über die schnelle Wende von 1989, über die Arbeitsplatzsituation in den neuen Bundesländern, die Sinnlosigkeit des sie erwartenden Lebens sowie über die Zukunftsaussichten allgemein. Fremdsein im eigenen Leben, als fremd empfundenen sozialen Gesetzen und Verhaltensregeln ausgesetzt zu sein, sind Gefühle, die bei HELSPER

---

[19]Farin / Weidenkaff (1999), S. 43.
[20]Vgl.: Helsper (1992), S. 247.
[21]Vgl.: Farin (2001), S. 41.
[22]Vgl.: Helsper (1992), S. 232, 233.
[23]Vgl.: Zimmermann (2000), S. 42.

beschrieben werden. Traurigkeit und Melancholie hat sich durch die eigene erlebte Biographie wie auch durch den Zustand der Welt und die empfundene Ohnmacht demgegenüber herausgebildet. Dabei erleben die Gothics ihr Lebensgefühl gespiegelt in der Gesellschaft. Trotz der pessimistischen Zukunftsaussichten findet bei allen Interviewten[24] eine Vorbereitung auf die Zukunft statt, so gehen alle einer Beschäftigung nach, sei es Schule, Ausbildung, Studium oder Beruf.[25]

Exkurs: Rolle des Todes

Traurigkeit, Melancholie und Ohnmachtsgefühle legen Suizidgedanken nahe. Das Thema Tod nimmt eine wichtige Position in der Selbstpräsentation ein. Betrachten wir die Rolle des Todes in der Szene. Die Interviews von STOCK / MÜHLBERG zeigen, daß zwar Suizidgedanken bei Gothics vorhanden sind, der Selbstmord aber kaum durchgeführt wird. Der eigene Selbstmord wird in der Szene abgelehnt, der Selbstmord anderer trifft aber auf Verständnis und ist Basis für Mythen der Szene. So wurden die Sänger der Bands *Christian Death* und *Joy Division* auch aufgrund ihrer Selbstmorde zu Idolen der Szene. Wie paßt dieses Gedankenbild zusammen? Der Selbstmord gilt in der Szene als konsequentester Ausdruck des eigenen Lebensgefühls. Der eigene Selbstmord wird aber „als Feigheit, als Ausweichen vor dem Leben,

---

[24]Vgl.: Farin (2001); Stock / Mühlberg (1990

[25]Die Berufswahlen reichen von kreativen Berufen wie Fotografin, Musiker, Modedesignerin, Journalistin bis zu handwerklichen Berufen wie Schlosser, Dreher etc. Es sind Berufe, in denen das Outfit der Mitglieder geduldet wird. Lediglich die Gothics aus dem handwerklichen Bereich geben an, aufgrund der Sicherheitsbestimmungen Arbeitskleidung zu tragen und die Haare zusammenbinden zu müssen. Auch wenn das Outfit noch geduldet wird, vermuten die Interviewten von STOCK / MÜHLBERG, die zur Zeit des Interviews in der Lehre beziehungsweise in handwerklichen Berufen tätig waren, sich nicht immer so kleiden zu können und auch nicht immer der Szene anzugehören, obwohl die Einstellung und auch der Wunsch sich so zu kleiden, geblieben ist. Als Hauptgrund wird dabei das Problem der Arbeitsplatzsuche genannt.

als Flucht vor Problemen, als Aufgabe und Schwäche"[26] gedeutet. Wie diese Sicht mit dem eher weiblichen Lebensentwurf einhergehen kann, hat HELSPER folgendermaßen zusammengefaßt:

> Nun hat die schwarze Szene mit Sicherheit keinen maskulinen Selbstentwurf des starken, harten souveränen Menschen, sondern eher einen 'weiblich' orientierten des empfindsamen, gefühlsbetonten und mitleidenden Selbst. Allerdings verbirgt sich gerade in diesem empfindsamen, leidenden und 'schwachen' Selbst eine besondere Form der Stärke: Die bedrohlichen, angstauslösenden Gefühle, Schwäche und Vergänglichkeit, Leid und Verlust, sollen nicht abgewehrt oder vermieden, sondern zugelassen und ausgelebt werden. Am Lebensgefühl von Leid, Tod, Trauer und Verlust aber sollen die Jugendlichen nicht zerbrechen, sondern die Sinnlosigkeit und Melancholie der Welt und des Selbst soll ausgehalten werden. Der Selbstmord aber wäre das Scheitern an diesen Gefühlen.[27]

Es findet eine ständige Auseinandersetzung mit dem Tod statt, die allerdings nur in wenigen Fällen bis zum Suizid geführt wird. Diese Auseinandersetzung geschieht sowohl auf ästhetischer Ebene wie auch im philosophischen Diskurs, bei der Beschäftigung mit Religion etc. Die gothictypische Todesfaszination wird durch die Tabuisierung des eigenen Selbstmordes in ihren Ausmaßen beschränkt. Somit erhält diese Art von Umgang mit dem Tod eine Schutzfunktion. Doch nicht nur der Selbstmord sondern ebenso die Schändung von Friedhöfen beziehungsweise die Ausgrabung von Leichenteilen sowie die totale Abkapselung von der Gesellschaft wird tabuisiert. Erfolgen derartige Handlungen, müssen die betroffenen Szenemitglieder mit Isolation

---

[26]Helsper (1992), S. 280.
[27]Helsper (1992), S. 280. (Rechtschreibfehler berichtigt, U.M)

von seiten der Szene rechnen.[28] Nur ein ausgewählter Kreis hat zu Gothics Zugang, die in oben beschriebener Weise handeln. Sie werden nicht nur gegenüber der Gesellschaft sondern auch im kleineren, in der Szene selbst verborgen. Diese extremen Szenemitglieder bilden einen Kreis, der gleichzeitig tabuisiert wird und als „das Geheiligte der schwarzen Kultur"[29] gilt. Abgelehnt wird diese Art der Lebensführung in der Szene, weil die szenetypische Auseinandersetzung mit Problemen bei diesen Gothics nicht mehr stattfindet. Sie werden so stark von ihren Problemen vereinnahmt, daß „letztlich der Anspruch von Individualität, Autonomie und selbstreflexiver Auseinandersetzung verloren zu gehen droht."[30] Trotzdem sind sie Stoff für Legendenbildung, denn das Lebensgefühl der Gothics präsentieren diese extremen Szenemitglieder in seiner reinsten Form.

Die Schändung von Friedhöfen wird aber von der Szene nicht anerkannt. Jugendliche, die Friedhöfe beschädigen, werden aus der Szene ausgegrenzt. Der Friedhof wird von den Szenemitgliedern als Rückzugsort und Ruhepol genutzt. Gothics verweilen häufig nur bei Tag und in sehr kleinen Gruppen auf Friedhöfen, um sich entspannen zu können. Warum nutzen Gothics den Friedhof als Entspannungsort? Friedhöfe und Ruinen sind Orte der Trauer beziehungsweise der Zerstörung. Eine Szene, die sich mit diesen Elementen auseinandersetzt, sucht auch die Orte auf, die diese repräsentieren und nutzt sie als Ort der Entspannung, der Meditation und Reflektion. Nur bei wenigen jüngeren Gothics gilt das Begehen von Friedhöfen bei Nacht als Mutprobe, bei der allerdings auch nur selten etwas zerstört wird.[31]

Welche Funktion hat nun die Stilisierung des Todes in der Szene? Die Stilisierung soll die eigene Gefühlswelt nach außen darstellen. Gründe

---

[28]Vgl. Helsper (1992), S. 280-283 sowie Stock / Mühlberg (1990), S. 53, 65.
[29]Helsper (1992), S. 283.
[30]Helsper (1992), S. 281.
[31]Vgl.: Stock / Mühlberg (1990), S. 70-73 sowie Zimmermann (2000), S. 43-47.

wie Auffallen, ästhetischer Protest aber auch Rückzugsmöglichkeit und Schutz durch die Kleidung werden gleichermaßen genannt.[32] Durch die Stilisierung des Todes ist es den Szenemitgliedern möglich, den in der eigenen Lebensgeschichte erlebten wie auch den im Selbst empfundenen Mangel zu symbolisieren. Der Widerspruch zwischen dem durch den erlebten Mangel entstandenen Todestrieb und dem Lebenswunsch wird durch die Stilisierung des Todes auf der imaginären Ebene gelöst. Der stilisierte Tod wird somit zu einem imaginären Tod.[33] Die kommunikative Auseinandersetzung mit dem Tod hilft so, die Angst vor dem Sterben zu überwinden, Probleme artikulieren zu können und bearbeitbar zu machen. Diese Bearbeitung geschieht auch auf der humoristischen Ebene. HELSPER erwähnt, daß Gothics eine Präferenz für schwarzen Humor haben.[34] Sie dient aber auch als Auslöser und Endpunkt für die Diskussion der Sinnfrage, die auf der ästhetischen Ebene schon mit dem Themenkomplex „Werdendes" präsentiert wurde. Vergehen und Erblühen sind Sinnbilder für diese Beschäftigung.

Wenden wir uns nun wieder dem allgemeineren Bereich des Lebensgefühls zu. Das Thema Tod als Interessensgebiet einer Szene und auch der Umgang mit diesem Interessensgebiet erscheinen unüblich. Wie bereits im Fazit der Selbstdarstellung angedeutet, sind die Gothics fasziniert von Extremen und so auch von extremen psychischen Situationen. Inwieweit die Faszination von extremen psychischen Si-

---

[32]Vgl.: Farin (2001), S. 107 f sowie Stock / Mühlberg (1990), S. 87 f, 105.

[33]Vgl.: Helsper (1992), S. 316 f.

[34]Vgl.: Helsper (1992), S. 285. Schwarzer Humor erhält seine Komik durch die „Verletzung des allgemeinen Pietätsempfindens." Er spielt mit den Tabus, die menschliche Grenzsituationen umgeben und verletzt dabei die Emotionen, die bei solchen Situationen zu tragen kommen. Menschen, die beruflich mit solchen Grenzsituationen zu tun haben (zum Beispiel Totengräber etc.), weisen des Öfteren diese Art von Humor auf. So wundert es nicht, daß auch Gothics, die sich mit Trauer und Melancholie umgeben, einen Hang zum schwarzen Humor aufweisen.

tuationen über ein reines Interesse hinausgeht, ist strittig. WALL-
RAFF gibt Koketterien 15 jähriger Mädchen mit Depressionen an. Bei
STOCK / MÜHLBERG, aber auch im Internet auf Gothicseiten treten
Berichte von selbstverletzendem Verhalten auf.[35] Der eigene Suizid
wird tabuisiert, andere psychische Probleme, die sich als selbstver-
letzendes Verhalten, Magersucht etc. äußern, hingegen nicht. Dieses
Öffentlichmachen der eigenen psychischen Probleme in der Szene paßt
in ihr Darstellungsbild.

Auch der Umgang mit **sexuellen Tabus** erscheint extrem. So sind
in mehreren Bereichen der Selbstpräsentation sexuelle Thematiken zu
finden. Obwohl die Fetischmode durch die Verwendung in der Punk-
und Technoszene einen Teil ihres Tabus verlor, was unter anderem
am Trend des Tragens von Halsbändern (wie in der SM-Szene üblich)
bei Teenagern noch heute sichtbar ist, ist doch die Zurschaustellung
des Körpers in fetischer Weise noch nicht üblich. Wie beschrieben,
beeinflußte die SM-Szene den Kleidungsstil der Gothics nachhaltig.
Aus diesem Einfluß ist eine eigene Stilrichtung, der SM-Stil, hervor-
gegangen. Aber auch auf dem musikalischen Gebiet sind Bezüge zur
SM-Szene erkennbar. Bands der Szene wie *Umbra et Imago* oder *Die
Form* spielen auf ihren Konzerten mit SM-Phantasien. Fraglich ist
allerdings, ob die sexuelle Spielart auch tatsächlich von den Gothics
ausgelebt oder ob sie nur aus Provokationsgründen durch die Mode
präsentiert wird.

Die Themen Erotik und Tod kommen nicht nur getrennt in der Szene vor. ZIMMERMANN spricht von einer Erotik des Todes. Ist hier
die Rede von Nekrophilie? Durchsucht man das Internet nach von
Gothics empfohlenen Kunst beziehungsweise Erotikseiten, stößt man
auf Bilder, die mit SM-Phantasien, mit einer nekrophilen sowie einer

---

[35]Vgl.: Wallraff (2001), S. 79; Stock / Mühlberg (1990), S. 91; www.commuinty-of-
darkness.de; www.nachtwelten.de, www.traenenfluss.de (Stand 02.02.2003, 12.57
Uhr.)

vampiresken Erotik spielen. Diese Erotik bezieht sich fast immer auf Frauenkörper. Welche Rolle spielt die nekrophile Erotik in der Szene? Die offensichtliche Darstellung eines toten, weiblichen Körpers, dessen Zustand zum Beispiel durch das Behängen mit Spinnweben kenntlich gemacht wird[36], ist seltener zu finden als die Präsentation von Körpern, bei der der Tod nur angedeutet wird. So sind im Gegensatz zu den eindeutig toten weiblichen Körpern häufiger weibliche Körper abgelichtet, die die Blässe von Toten aufweisen, bei denen aber nicht erkennbar ist, ob es sich um schlafende oder tote Frauen handelt.[37] Bei diesen Bildern wird mit den Themen Erotik und Tod gespielt. Phantasien rund um den Tod werden aber nur auf der künstlerischen Ebene ausgelebt, ein direkter Kontakt mit toten Körpern ist in der Szene tabuisiert.[38]

Die Erotik des Todes muß im Kontext der Szene gesehen werden. Die Darstellung des Todes zieht sich durch alle Lebensstilformen und macht auch nicht vor der Darstellung von Erotik halt. Um der Erotikvorstellung der Gothics etwas näher zu kommen, soll an dieser Stelle der Blick auf das Romantikbild gelenkt werden. Bereits im Fazit der Selbstpräsentation wurde der Bezug der Zeichen der Szene zur Romantik und im besonderen zur *gothic novel* hergestellt. Betrachten wir das Schönheitsbild der Romantik. Der Vorzug des scheinbar Widersprüchlichen in der Romantik erscheint hier am deutlichsten. Besonders nach Ansicht der Romantik steigert sich der Ausdruck der Schönheit durch die ihr scheinbar widersprechenden Grauen erregenden Züge. „Je trauriger und schmerzlicher Schönheit sich offenbart, um so höher wird der Genuß empfunden."[39] Schaudern wurde als elementare Kategorie der Schönheit gesetzt. Nicht nur Schaudern

---

[36]Zum Beispiel www.darkness-inside.ch/portal/index.php
    ?module=My_eGallery&do=showgall&dig=49&p= (Stand 12.03.03, 11.30 Uhr.)
[37]Zum Beispiel www.darkphotos.de (Stand 12.03.03, 11.00 Uhr.)
[38]Vgl.: Richard (1995), S. 134.
[39]Praz (1981), S. 45.

und Schönheit, auch Lust und Leid, Trauer beziehungsweise Tod und Schönheit wurden in einen untrennbaren Zusammenhang gebracht. Letztere galt als die höchste und gleichzeitig verfluchte Schönheit. MILLAIS' Ophelia[40] und TASSOS Sofronia[41] erscheinen im Tode beziehungsweise im Angesicht dessen schöner. Neu an dieser Sicht ist nicht das Empfinden, sondern ihre theoretische Erfassung.

Welchen Bezug hat dies nun auf die Erotik des Todes in der Gothic-Szene? Die romantische Haltung, die Themen der *gothic novels* ähneln denen der Szene in starkem Maße. Betrachtet man das Schönheitsbild in der Romantik, so wird deutlich, daß es bei der Erotik des Todes nicht um Nekrophilie, nicht um die physische Vereinigung mit einer Leiche geht. Die eigenen Gefühle, die Trauer, der Schmerz im Angesicht des Todes der/des Anderen werden als berauschend empfunden. RICHARD geht in ihrer Erläuterung noch weiter und behauptet, daß „ein zentrales Thema [...] das Ersetzen der Liebe durch Schrecken, der Flirt mit dem Tod und das Auskosten des Kitzels der verleugneten Sexualität, immer angelegt um Ekel zu erzeugen [..., sei. Sie würden wie] Romantiker auf ein unerreichbares Ideal von Liebe, das in der Unmittelbarkeit von Empfindungen besteht"[42], hoffen.

Erotik und Tod vereinen sich ebenso im Vampirmythos. Wie bereits in der Untersuchung der Selbstdarstellung (Szenemedien / Literatur) deutlich wurde, spielt der Vampirmythos eine große Rolle in der Szene. Er dient als Identifikationsfigur der Gothics. Weder tot noch lebendig, bricht er die Grenze zwischen Leben und Tod. Der Vampirkuss, das Aussaugen des Opfers, wird von ZIMMERMANN als „stilisierter Geschlechtsakt"[43] benannt, ein erotischer Akt also, der gleichzeitig lebensbeendend wirkt.

---

[40]Gemälde aus dem Jahre 1850
[41]Torquato Tasso (1544-1595) wurde in der Romantik sehr verehrt. Vgl.: Praz (1981), S. 51.
[42]Richard (1995), S. 134.
[43]Zimmermann (2000), S. 61.

Im Kapitel Lebensgefühl wurde die Funktion der Präsentation der Themen Tod (Vergänglichkeit) und Sadomasochismus untersucht. Welche Rolle spielen nun Themen wie Gewalt, Vergangenheit, Grauen, Mystizismus, Religion und Satanismus?

3.4 Einstellungen / Werte

Neben dem Lebensgefühl sind auch die Einstellungen und Werte der jeweiligen Person ausschlaggebend für die Mitgliedschaft in einer Szene. Wie bereits im Kapitel „Szene" beschrieben, sollen geteilte Einstellungen der Szenegänger vorliegen, um von einer Gemeinschaft sprechen zu können. Gewaltlosigkeit und Offenheit sind zwei zentrale Werte der Szene.[44] Die Möglichkeit, über alles reden zu können, von psychischen Problemen bis zu sexuellen Themen, ist für die Szeneangehörigen wichtig. Inwieweit die Offenheit problematisch ist, soll in dem Exkurs „rechte Tendenzen" diskutiert werden. Daß ein zentraler Wert der Szene die Gewaltlosigkeit ist (ein Grund für die hohe Anzahl weiblicher Mitglieder) mag wundern, ist doch das Thema Raub / Kampf / Krieg (Gewalt) Teil der Selbstdarstellung. Hier wird ein Gegensatz zwischen Selbstpräsentation und tatsächlicher Einstellung offenbar. Wie erklärt sich dieser Kontrast? Wenden wir uns wieder den Zeichen der Romantik zu. Gewalt war auch ein wichtiger Gegenstand in der romantischen Literatur (moralischer Aspekt), deren Themen der Szene, wie beschrieben, stark ähneln. In der Romantik wendete man sich von dem Vernunftdenken, das in der Zeit der Aufklärung von Bedeutung war, ab und legte den Fokus wieder mehr auf die triebhaften, gefühlsbestimmten Seiten des Menschen. Der Mensch sollte als Ganzes begriffen werden, zu dem auch notgedrungen die Triebe gehören.[45]

---

[44]Zu Einstellungen und Werte vgl.: Helsper (1992), Hitzler (2001), S. 74 f; Farin (2001)

[45]Vgl.: Philosophielexikon (1997), S. 592 ff.

Begreifen wir nun die Romantik als Ideengeber der Gothic-Szene (ob bewußt oder unbewußt), kann als das Ideal der Szene verstanden werden, sich mit den triebhaften, dunklen Seiten des Menschen, die auch Gewaltanwendung hervorrufen können, zumindest auf der Zeichenebene auseinanderzusetzen.

Eine wesentliche Einstellungsmaxime der Szenegänger ist Selbstfindung und Individualität. Die Szene versucht sich von der als oberflächlich, nach Konsum und Karriere strebend empfundenen Bevölkerung abzusetzen. Diese Absetzung geschieht nach außen besonders durch die Kleidung. Mit Hilfe des Rückgriffs auf Kleidungsstücke vergangener Epochen, findet eine Abgrenzung von der heutigen Mode statt.[46] Der Wunsch nach Besonderheit und Einzigartigkeit ist dabei ausschlaggebend. So kann durchaus ein Eliteempfinden beobachtet werden.[47] Doch nicht nur die Abgrenzung gegenüber der Gesellschaft ist bedeutend, sondern auch eine merkbare Individualität in der Szene, eine Abgrenzung gegenüber den anderen Szenegängern. Hier und in dem Drang nach Selbstfindung liegen unter anderem die Gründe für die Vielfalt der Kleidungs- und Musikstile, aber auch für die unterschiedlichen politischen sowie religiösen Einstellungen. Welche Einstellungen haben die Szenemitglieder nun gegenüber Religion und Politik?

Glaubensrichtungen

Die Gothic-Szene ist unkonfessionell. Diese Aussage macht nicht nur der Gothic-Verein über die Szene sondern auch HELSPER und FARIN.[48] Es existiert keine einheitliche religiöse Einstellung in der Gothic-Szene. Wie ist aber der hohe Stellenwert von religiösen Zeichen in

---

[46]Mehr zum Thema Vergangenheit im Exkurs Vergangenheit
[47]Vgl.: Hitzler / Bucher / Niederbacher (2001), S. 74., Farin (2001), S. 16.
[48]Vgl.: Helsper (1992), Farin (2001), www.gothics-culture-ev.de (Stand 13.03.03; 15.00 Uhr.)

der Selbstdarstellung und im besonderen der Umgang mit religiösen Symbolen zu verstehen? In dem Abschnitt Symbole wurde bereits auf die unübliche Verwendung der religiösen Symbole eingegangen. Gothics benutzen nicht nur Symbole einer Religion sondern kombinieren Symbole der unterschiedlichsten Glaubensrichtungen. Zu diesen Glaubensrichtungen zählen sowohl religiöse wie auch magische Traditionen. RICHARD führt für diese Verwendung der Symbole in Anlehnung an die Untersuchungen von HELSPER den Begriff „Religionsbricolage"[49] ein. Religionsbricolage meint, daß hier eine Art Privatreligion aus Versatzstücken religiöser und magischer Traditionen gebastelt wird. Die Übernahme einer bereits tradierten Religion ist in der Gothic-Szene eher selten zu beobachten, denn es „wäre widersprüchlich, wenn sich die Grufties nach ihrem stilistischen Ausbruch aus ihrer dörflich-religiösen Eingleisigkeit wieder freiwillig in ein sie wiederum einengendes, geschlossenes System begeben würden."[50]

Ein weiterer Grund für die Religionsbricolage in der Szene ist die Religions- und Kirchenkritik. Die Institution Kirche wird mit Enge, Starre und Strenge verbunden. Das Christentum gilt als Repräsentant der von den Gothics abgelehnten, bürgerlichen Gesellschaft.[51] Diese Kritik der Religion und Kirche äußert sich auch in der Verwendung von satanistischen Symbolen wie dem umgedrehten Kreuz oder dem Zeichen schwarzer Magie und, nach christlichem Glauben, dem Zeichen des Teufels, das mit dem Zacken nach unten gedrehte Pentagramm. Religionskritik und Verwendung dieser Symbole sind aber nicht zu verwechseln mit dem Glauben und der Praxis des Satanismus. Der Satanismus ist zwar ein beliebtes Beschäftigungsfeld der Szene, aber nur auf theoretischer Basis. So sind beispielsweise die Theorien des ANTON LA VEY durchaus bekannt, satanistische Bücher gehören oft

---

[49]Richard (1995), S. 115.
[50]Richard (1995), S. 115.
[51]Vgl.: Helsper (1992), S. 286.

zum Bücherbestand der Gothics und Satanismus (zum Beispiel litera-
rischer Satanismus – LORD BYRON, siehe Szenemedien / Literatur)
ist ebenso ein begehrtes Gesprächsthema der Gothics (siehe Kapitel
Szenemedien/Internet), von expliziten Satanisten distanziert sich aber
ein Großteil der Szene. Auch hier kann wieder die schon oben erwähnte
Fernhaltung von geschlossenen Glaubenssystemen angeführt werden.
Der Anteil der Satanisten in der Szene ist proportional gleich dem
Anteil der Satanisten im Rest der Gesellschaft.

Nach ZIMMERMANN und FARIN gibt es nur einige hundert Satanisten
in Deutschland und davon sind nur ein geringer Teil Jugendliche. Satanisten, die ihren Glauben in Orden betreiben, versuchen aufgrund
der starken Vorbehalte der Gesellschaft, ihre Glaubensvorstellungen
vor der Öffentlichkeit geheim zu halten.

Jegliches auffallende Outfit wie das der Gothics, das mit dem Glauben verbunden werden könnte, würde diese Anonymität verhindern.
Pseudosatanisten auf der Basis des reaktiven Satanismus, die, um
schockieren zu wollen, ohne Kenntnis des Hintergrundes Opferrituale
durchführen, Friedhöfe schänden etc., verstoßen gegen einen zentralen
Wert der Szene – Gewaltlosigkeit. Wie bereits beschrieben, ist auch
die Schändung von Friedhöfen in der Szene ein Tabu. Selbstfindung,
Sinnsuche und Religionskritik führen zwar bei einigen Szenemitgliedern zur Beschäftigung mit Satanismus, aber eher auf theoretischer
Basis aus Kenntnisinteresse.

Anders verhält es sich mit der Black Metal Fangemeinde, deren Musik auch die der Gothic-Szene beeinflußt hat. Besonders Anhänger
dieser Szene schockieren mit satanistischen Symbolen und bekennen
sich auch öffentlich zu dem Glauben an Satan (reaktiver Satanismus).
Laut FARIN „gehört Satanismus [...] zum imageprägenden und stil-
bildenden Kern der Kultur & Mode"[52] der Black Metal Fraktion.

---

[52]Farin (2001), S. 15.

Hier liegt aber mehr Provokation als wirkliches Hintergrundwissen und Beschäftigung mit dem Thema vor. Wichtig für diese Arbeit ist, daß die Black Metal-Szene nicht mit der Gothic-Szene gleichgesetzt werden darf.

Esoterik, Magie, Naturreligionen, Hexenkult (zum Beispiel Wicca, nach ZIMMERMANN heute einer der beliebtesten Strömungen der Heidenszene)[53], nordische Mythen und Sagen sind weitere Interessensgebiete der Gothics, die auch auf der ästhetischen Ebene (Musik, Symbole) präsentiert werden. Besonders die Neo-Folkbands zeigen derlei Interesse in ihren Liedern. Symbole wie Sonnenräder, Runen etc. können durchaus bei Gothics beobachtet werden. Auch im Dritten Reich wurden von den Nationalsozialisten heidnische Symbole verwendet. Welche Stellung hat nun Rechtsextremistisches und Völkisches, gibt es eine politische Einstellung in der Szene?

Politische Einstellungen

Wie man den Gothics keine gemeinsame Glaubensrichtung unterstellen kann, ist es auch nicht möglich, ihnen eine einheitliche politische Einstellung zuzusprechen. War sie zu ihrer Entstehung noch eher linksorientiert, kann man die heutige Gothic-Szene als unpolitische Szene einordnen. Näher zu beleuchten ist die Rolle der von Gothics benutzten heidnischen Symboliken, die von Nationalsozialisten im Dritten Reich mißbraucht wurden. Führt die Beschäftigung mit diesen Glaubensrichtungen und Symboliken zu rechten Einstellungen in der Szene? Seitdem im *Zillo* (02/96) eine Anzeige der *Jungen Freiheit* erschien, wurden Gerüchte um einen rechten Rand der Szene laut.[54] Die Organisation GRUFTIES GEGEN RECHTS hat inzwischen eine zweite Ausgabe

---

[53]Vgl.: Zimmermann (2000), S. 70.

[54]Zum Exkurs politische Einstellungen vgl.: Grufties gegen Rechts (2000); Zimmermann (2000), S. 41-58, Farin (2001), S. 15-20.

ihrer Broschüre „Die Geister, die ich rief" mit 82 Seiten herausgegeben, die über von Gothics gehörte Bands mit rechtem Hintergrund, sowie über rechtsgesinnte Verlage und Fanzines aus dem Gothicumfeld informiert. Es wird deutlich, daß eine Diskussion über rechte Tendenzen in der Szene vorhanden ist. Laut GRUFTIES GEGEN RECHTS gäbe es Versuche der „Neuen Rechten", die Szene zu unterwandern.[55] Zeichen hierfür seien die Schaltung von Anzeigen rechtsgesinnter Zeitungen in einer Szenezeitschrift (*Zillo*) oder rechtsorientierter Verlage im Veranstaltungskalender der Szene (*Black Book*), das Verteilen von rechtsgesinnten Fanzines (*Sigill*, jetzt: *Zinnober*; *Europakreuz*[56]), Werbung dafür in Szeneplattenläden und Szeneclubs sowie Bücher, Platten oder Kataloge rechtsorientierter Verlage (VAWS, Arun-Verlag etc.) auf dem *Wave-Gotik-Treffen* und das Informieren über Bands aus der Gothic-Szene in rechtsorientierten Zeitschriften (Junge Freiheit, Sigill). Daß diese Zeitungen, Fanzines und Verlage sowie einige wenige rechtsorientierte Bands eine Plattform in der Szene finden konnten, liegt nicht zuletzt daran, daß eine relativ große Offenheit gegenüber den verschiedensten Themen in der Szene herrscht.

Von GRUFTIES GEGEN RECHTS als rechts deklarierte Bands sind zum Beispiel: die Neo-Folk beziehungsweise die sich selbst als Apocalyptic Folk bezeichnende Band *Death in June* (die schon im Kapitel Musik Erwähnung fand), *Allerseelen*, *Blood Axis*, *Blutharsch*, *Josef Maria Klumb* (Projekte von ihm waren beziehungsweise sind *Forthcoming Fire*, *Weissglut*, *Von Thronstahl*, *Preussak* sowie *Unternehmen Dreizack*) etc. Es handelt sich hierbei um Bands, die besonders an der Symbolik des Dritten Reiches Gefallen finden, aber auch in den Texten der Lieder und in den Interviews zeigen, daß hier nicht nur Interesse an der ursprünglichen Bedeutung der Symbolik, sondern auch Bezug

---

[55]Vgl.: www.geister-bremen.de
[56]Das Europakreuz ist heute nicht mehr als gedruckte Form, sondern nur noch im Internet erhältlich.

und Gefallen an der Verwendung der Symbolik im Dritten Reich vorliegt.

Kulturpessimismus, Ablehnung des Christentums, Interesse an heidnischen Glaubensvorstellungen und Elitebewußtsein sind Gemeinsamkeiten sowohl der genannten Bands, als auch von Neonazis und vieler
Gothics. Obwohl ein Teil der Gothic-Szene auch mit tradierter Symbolik (zum Beispiel Runen) spielt, die im Dritten Reich verwandt und
uminterpretiert wurde, sind aber nur die wenigsten der Gothics wirk-
lich rechtsorientiert. Wichtig ist hier anzumerken, daß gewalttätige
rechtsorientierte Gruppierungen keinen Anknüpfungspunkt in der Szene haben, da Gothics Gewalt ablehnen und viele von ihnen besonders
in den 80er Jahren Opfer von rechtsorientierten Skinheads wurden.
Wenn Verbindungen zu Kreisen aus dem rechts gesinnten Spektrum
bestehen, dann zu dem intellektuellen Teil.

Organisationen wie GRUFTIES GEGEN RECHTS und viele Bands der
Szene distanzieren sich von rechtsorientierten Bands, Verlagen etc.
„Trotz, Provokation und Naivität"[57], so FARIN, seien in der Gothic-
Szene die Gründe für die Verwendung einer solchen Symbolik. Ihr
Gebrauch würde mit dem Hinweis auf die alte Tradition der Symbole
und ihrer originalen Bedeutung gerechtfertigt. Die Umdeutung und
Nutzung der Symbole im Dritten Reich und der anhaltende heutige
Gebrauch der Symbole durch die Neonazis mit der nationalsozialis-
tischen Bedeutung wird von vielen Gothics nicht berücksichtigt. Nur
wenige Szenemitglieder versuchen, bewußt mit ihrer Verwendung der
Symbole in Bricolage-Manier den Zeichen die rechtslastige Bedeutung
zu nehmen. Der Großteil der Träger der Symbole, so FARIN, handele
„trotz [...] Belesenheit und philosophischer Neugier"[58] eher aus his-
torischer Unkenntnis. Fehlende Kenntnis der Szene kann auch bei der

---

[57]Farin (2001), S. 16.
[58]Farin (2001), S. 16.

Betrachtung und Einordnung dieser Gothics zu Mißverständnis und
Fehleinschätzung führen.

Vergangenheit

Mit dem letzten Interessensgebiet, dem Thema Vergangenheit, soll
das Kapitel Einstellungen/Werte abgeschlossen werden. Das Mittelalter hat in der heutigen Gesellschaft einen regelrechten Boom erfahren. Auch die Gothic-Szene hat diese Epoche für sich entdeckt. Das
Interesse am Mittelalter und an anderen vergangenen Epochen (zum
Beispiel Romantik) ist schon in der gesamten Selbstdarstellung der Gothics deutlich geworden. Das Mittelalter spielt unter anderem in Kleidung (Mittelalterlicher beziehungsweise Romantic Stil), bei Events
(mittelalterliche Märkte auf Gothic Events), in der Sprache und der
Musik (Bands wie Corvus Corax verbinden Elemente aus der Musik
des Mittelalters mit Elementen heutiger Musik) eine Rolle. Wie in
der Romantik (siehe Exkurs Romantikbilder in der Literatur – Fazit
Selbstpräsentation) liegt auch bei den Gothics ein verklärtes Bild des
Mittelalters vor, das von der literarischen Romantik beeinflußt beziehungsweise übernommen wurde, wie RICHARD behauptet.[59] Daß es
sich hierbei um ein verklärtes Bild des Mittelalters handelt, ist den
meisten Szenemitgliedern bewußt. Es geht Gothics weniger um die
genaue Kenntnis der Epoche, man wünscht sich lieber in das Ideal-
bild dieser Zeit. Die Beschäftigung mit dem Mittelalter dient zwar als
Flucht- und Ablenkungsmöglichkeit vor der als zu laut, zu hektisch
und als zu kompliziert empfundenen Welt. Eine völlige Übernahme des
mittelalterlichen Lebensstils wird man bei Gothics aber nur äußerst
selten finden.

Neben dem Mittelalter gilt das Interesse der Szenemitglieder auch an-

---

[59]Zum Abschnitt Mittelalter vgl. Richard (1995), S. 129-131, Wallraff (2001), S.
69-70, Zimmermann (2000), S. 47-53.

deren geheimnisvollen und sagenumwobenen Kulturen wie zum Bei-
spiel der alten Hochkultur Ägyptens. Die Suche nach dem Selbst, die
Frage nach der eigenen Herkunft, die Ablehnung der heutigen Gesellschaft und die Betonung der Individualität sind ähnlich wichtig bei der
Erklärung des Interesses an Vergangenheit und Religion. Auch die Art
der Beschäftigung mit Religion und Vergangenheit ist vergleichbar.
Beide Bereiche werden nicht in der Form, wie sie stattgefunden haben
(Vergangenheit, Religion) und stattfinden (Religion), übernommen.
So kann man selten Gothics beobachten, die einer Religion angehören
oder, wie beschrieben, sich einer Epoche komplett widmen, also auch
nur die Kleidung im Stil der Epoche tragen und ihre Lebensweise
dementsprechend umstellen. Vielmehr liegt eine Art Spiel mit beiden
Bereichen vor. Nur Stücke, die von Interesse sind, werden genutzt.
Üblich ist es zum Beispiel an einem Tag Kleidung im Barockstil und
am anderen Tag Kleidung im Rokkokostil zu tragen. Mittelalterliche
Burgen, Ruinen und Schlösser dienen mit ihrer zum Teil fragilen, ein-
samen, düsteren Ausstrahlung als Atmosphärenerzeuger, Schutz- oder
Todessymbole werden aus den unterschiedlichsten religiösen und magischen Traditionen verwendet. Diese Art des Umgangs muß beachtet
werden, wenn man aufgrund der politischen und religiösen Nutzung
von Symbolen ein Urteil über die politische und religiöse Einstellung
der Szenemitglieder abgeben möchte.
Als vorletzter Punkt des Erklärungsansatzes soll nun betrachtet werden, welche Stellung und Funktion die Gothic-Szene in der heutigen
Gesellschaft hat, wie die szenetypische Thematisierung des Todes bewertet werden kann und welche Tendenzen in der Szene zu beobachten
sind.

3.5 Stellung und Funktion der Gothic-Szene in der Gesellschaft

Für die Betrachtung der Funktion der Gothic-Szene in der Gesellschaft ist der Blick auf die Selbstdarstellung wichtig. Die Gothic-Szene ist keine Szene, deren Mittelpunkt sich auf der Straße abspielt. Die Treffpunkte der Szenemitglieder sind von der Öffentlichkeit weitgehend ferngehalten. Erfahrbar sind die Szenegänger meist nur einzeln auf den Wegen zu Treffpunkten beziehungsweise (häufig unauffälliger gekleidet) im Alltag. Lediglich auf Massenveranstaltungen, Events wie das *Wave-Gotik-Treffen* in Leipzig, deren Veranstaltungsorte sich über die ganze Stadt verteilen, sind Gothics in großen Gruppen sichtbar. Im Gegensatz zu den Punks spielt das stete Darstellen der eigenen Einstellung in der Gesellschaft eine geringe Rolle. Die Stilwahl dient vielmehr als Bekundung der Zugehörigkeit zur Szene und Kenntlichmachung der eigenen Einstellung gegenüber den anderen Szenemitgliedern, als Unterstützung des eigenen „schwarzen" Lebensgefühls und erst an letzter Stelle, als unwichtigerer Punkt, die Präsentation der eigenen Einstellung gegenüber der Gesellschaft. Die von den Szenemitgliedern geringgeschätzten „Fakes"[60], die nur den Stil der Szene übernommen haben, nicht aber die Einstellung teilen, benutzen den Stil, um Aufmerksamkeit zu erregen und zu schockieren. Es gibt also kein Ziel der Szene, keinen Versuch, die Gesellschaft zu verändern, wie es beispielsweise bei Protestbewegungen der Fall ist. Der Wunsch nach einer anderen Gesellschaft beziehungsweise nach einer Veränderung ist zwar in der Szene vorhanden, diese Veränderung durchzuführen oder anzuregen (zum Beispiel durch Proteste), erscheint für die Szenemitglieder aber hoffnungslos.[61] Die Gothic-Szene ist lediglich eine

---

[60]Dieser Begriff wurde von Hitzler / Bucher / Niederbacher (2001), S. 80, übernommen.
[61]Siehe Kapitel Lebensgefühl 3.3

Gemeinschaft von Menschen mit dem gleichen Lebensgefühl und mit gleichen Einstellungen und Werten, die sich gebildet hat, um diese gemeinsam zu leben. Sie ist eine Antwort auf bestimmte gesellschaftliche Phänomene. Auch wenn es nicht die Intention der Szene ist, die Gesellschaft zu verändern, so muß doch beachtet werden, auf was die Szene in der Gesellschaft reagiert, was sie an ihr ablehnt.

Der Tod als Thema zieht sich, wie beschrieben, durch die gesamte Selbstdarstellung und ist auch als Thema im Leben der Gothics vorhanden. Die Interviews[62] zeigen, daß Gothics Gespräche über den Sinn des Lebens, über den Tod und darüber, was danach kommt, wichtig sind, und daß sie diese Gespräche außerhalb der Szene vermißt haben.

Wie sieht die Beschäftigung, der Umgang mit dem Tod in der heutigen Gesellschaft aus? Hat sich der Umgang geändert und wenn ja, gab es Zeiten, in denen er eine andere Rolle in der Gesellschaft spielte? Der nachfolgende Exkurs soll diese Fragen klären, um dann beurteilen zu können, inwieweit der gothictypische Lebensstil eine Reaktion auf den heutigen gesellschaftlichen Umgang mit dem Tod ist.

Exkurs: Umgang mit dem Tod

Der Exkurs stellt nur den Umgang mit dem Tod in der westlichen Gesellschaft und im Christentum dar. Was bestimmt das heutige Verhalten in Bezug auf den Tod? TURNER[63] beschreibt drei Tendenzen, wie Menschen heute in der modernen, westlichen Welt mit dem Tod umgehen: Säkularisierung, Individualisierung und graduelle Rationalisierung.

Säkularisierung bedeutet, daß der Tod nicht länger mit dem Mantel des Glaubens bekleidet ist. In der Vergangenheit hat die Religion stets eine sehr wichtige Rolle beim Umgang mit dem Tod gespielt. So

---

[62]Siehe Interviews Stock / Mühlenberg (1992), S. 48 ff, Farin (2001), S. 38 ff
[63]Vgl.: Turner (1987).

veränderte der Glaube an das letzte Gericht das natürliche Verhalten mit dem eigenen Tod. Die Menschen begannen ihr Leben, ihre guten und schlechten Taten zu reflektieren und den Tod als ein bedeutenderes Ereignis im Leben anzunehmen. Religion hat in unserer Gesellschaft an Bedeutung verloren, somit auch an Bedeutung für den Umgang mit dem Tod. Der Tod wurde individualisiert, institutionalisiert und bürokratisiert. War vor dem 18. Jahrhundert der Tod noch ein vertrautes, familiäres Ereignis, auf das der Sterbende vorgewarnt war und somit die Möglichkeit besaß, sich auf ihn vorzubereiten, so erscheint der heutige Bezug zum Ableben dazu als Kontrast. Im Alter isoliert zu sein, in Einsamkeit abhängig von anonymen und bürokratischen Institutionen zu sterben, bereitet einem Großteil der Menschen heute Angst vor dem Alter und führt zu dem Wunsch nach einem plötzlichen Tod. Der persönliche Umgang mit dem Tod und allem mit ihm zusammenhängenden wird vermieden. „Kennzeichen einer so verstandenen Tabuisierung sind die Delegation von Verantwortung und die Herausbildung von Spezialisten beziehungsweise speziellen Einrichtungen, die dem einzelnen die Beschäftigung mit dem Sterben oder mit den Folgen des Todes abnehmen."[64] ELIAS[65] spricht sogar von einer Ersetzung des sexuellen Tabus durch den Tod als vermiedenes Thema. Auch HELSPER[66] kommt zu dem Schluß, daß eine soziale Verdrängung des Todes in der heutigen Gesellschft vorhanden sei. Das dieses sozial Verdrängte langsam in der Gesellschaft hervorbricht, zeigen die zahlreichen Diskussionen um die Legitimation von Selbsttötung, über Sterbehilfe und Selbsthilfegruppen zur Bewältigung des Todes nahestehender Menschen.

Geht man von einer sozialen Verdrängung des Todes in der heutigen Gesellschaft aus, kann man der Gothic-Szene eine „kulturelle

---

[64]Ebel (1997), S. 57-58.
[65]Vgl.: Elias (1982), S. 68-71.
[66]Vgl. Helsper (1992), S. 299-310.

Thematisierung des sozial Verdrängten"[67] zuschreiben. Die Themen Endzeit, Stellung des Todes im Leben und Trauer werden sowohl in der gesamten Selbstdarstellung als auch im Lebensgefühl deutlich. Die Beschäftigung mit diesen Themen resultiert aus der Herkunft der Gothics und das durch sie hervorgebrachte Lebensgefühl. Neben der Thematisierung des sozial verdrängten Todes wird aber noch eine weitere Kritikübung an der heutigen Gesellschaft deutlich. Der Stil der Gothics stellt in seiner Stilisierung des Todes auch ein Gegenbild zum heutigen Schönheitsideal dar. Die Leistungsgesellschaft, die ihre Präsentation unter anderem im Schönheitsideal – dem sportlichen, braungebrannten, erfolgreichen und gesunden Menschen mit jugendlichem Aussehen findet, wird ebenso zum Kritikpunkt der Gothics, die dem gängigen Ideal ihr Schönheitsbild – bleiche Haut, schwarz umrandete Augen, also eher das Bild eines krank und tot wirkenden Menschen, entgegensetzen. Bereits in der Untersuchung der Kontaktanzeigen wurde das fehlende Interesse an Sport erkennbar. Sport ist auch in keinem anderen Bereich der Selbstdarstellung von Bedeutung. Interessant ist unter diesem Gesichtspunkt weiter die Koketterie mit Depressionen und anderen psychischen Krankheiten. Psychische Probleme werden (zumindest in Deutschland) immer noch vor der Gesellschaft verborgen zu halten versucht. Die Gothic-Szene stellt diese von der Gesellschaft abgewehrten Probleme als schick dar. Sie werden Teil ihres Idealbildes.

Kritisieren Gothics einen Großteil der Trends der modernen Welt, so sind sie trotzdem deren Strukturen unterlegen. Bereits in den Kapiteln Szene sowie Erklärungsansatz/gesellschaftlicher Rahmen wurde der Ästhetisierungstrend, Differenzierungstrend und Eventisierungstrend erwähnt. HITZLER / BUCHER / NIEDERBACHER[68] führen noch zwei weitere **Trends** der Szenen, den Kommerzialisierungs- und Mediali-

---

[67]Helsper (1992), S. 310.
[68]Vgl.: Hitzler / Bucher / Niederbacher (2001), S. 225-234.

sierungstrend, an. Diese allgemeinen Tendenzen der Szeneentwicklungen können auch bei der Gothic-Szene beobachtet werden. Der **Kommerzialisierungstrend**, der in den meisten Szenen zu beobachten ist, wirkt sich ebenfalls in der Gothic-Szene, wenn auch in geringerem Maße, aus. Schneiderten sich die Gothics in den 80er Jahren noch die Kleidung selbst, weil es sie so noch nicht beziehungsweise wenig zu kaufen gab, könnnen sich Gothics heute auch schon ihre Kleidung von der Stange in auf die Szenekleidung spezialisierten Geschäften kaufen und über Versandhäuser beziehen.[69] In Bezug auf den Kommerzialisierungstrend existiert eine Gegenbewegung in der Szene. Ein Großteil der Gothics distanzieren sich von mit „kommerziell" etikettierten Bands. Der **Medialisierungstrend** macht sich zum Beispiel bei den zunehmenden und aufwendiger gestalteten Szenezeitschriften (wie in Kapitel Szenemedien / Zeitschriften / Gestaltung beschrieben) bemerkbar. Mittlerweile sind fünf Zeitungen für die Gothic-Szene regulär im Handel erhältlich. Auch der **Eventisierungstrend** ist in der Szene erkennbar. Wie bereits im Kapitel Events erläutert, sind Veranstaltungen, die ein allumfassendes Programm der Szene bieten, für die Gothics wichtig und haben sich in den letzten Jahren vermehrt und vergrößert. Auf solchen Veranstaltungen werden nicht nur Musik sondern auch unter anderem Performance, Lesungen, Fetischmesse, Austellungen, Rollenspiele und Mittelaltermarkt geboten. War das *Wave-Gotik-Treffen* in Leipzig zu seiner Erstaufführung im Jahr 1992 noch ein Treffen mit 2000 Teilnehmern und spielte sich noch an einem Ort – einem Jugendzentrum ab, sind die Veranstaltungen des Treffens, bei dem sich 10 Jahre später über 20.000 Gäste einfanden, mittlerweile über die ganze Stadt verteilt. Auch die Zahl der Festivals erscheint für eine eher kleinere Szene hoch. Allein für den Monat Dezember wurden im *Orkus* sechs Gothic-Festivals angekündigt.

---

[69]Selbst kleinere Städte wie Oldenburg haben mittlerweile ein eigenes Geschäft (*Teufelsküche*) für den Szenebedarf.

Daß der **Ästhetisierungstrend** auch in der Gothic-Szene eine Rolle spielt, läßt sich besonders an der Bedeutung des Stiles für sie zeigen. Viel Geld und Zeit wird für das Fertigstellen des Stils verwendet. Die Gothics tragen ihr Lebensgefühl und ihre Interessen nach außen. Wenn auch die Ästhetik für die Gothics bedeutend ist, so distanzieren sie sich doch von denjenigen, die nur aus ästhetischen Gründen der Szene angehören, die Einstellung aber nicht teilen. Die Zahl dieser "Fakes" beläuft sich laut einer Interviewten bei HITZLER / BUCHER / NIEDERBACHER auf 70-80%[70], bei FARIN behauptet eine Interviewpartnerin, daß es heute trotz der steigenden Anzahl der Szenemitglieder weniger echte Gothics als früher (was sie unter früher versteht, wird nicht erläutert) geben würde. Ein wichtiger Grund für diese Entwicklung sei der tolerantere Umgang mit den Gothics in der heutigen Gesellschaft. Besonders in den Anfängen der Gothic-Szene kam es zu starken Anfeidungen gegenüber den Szenegängern.

Sie wurden, wie im Kapitel politische Einstellungen berichtet, Opfer von rechtsorientierten Skinheads sowie von Metalfans. Wenn auch die Zahl der Fakes nicht empirisch belegt werden kann, so existieren sie doch. Schon im Kapitel zur allgemeinen Beschreibung des Phänomens „Szene" war die Rede von Imitationen, die in jeder Szene vorkommen. Welche Folge haben „Fakes" nun für die Szene? Die Abgrenzung zu „Fakes", zu Kommerzialisierungen wie zum Beispiel bei dem *Wave-Gotik-Treffen* zu bemerken, zu Satanisten, Rechten etc. aber auch zu anderen Musikrichtungen (zum Beispiel EBM, Industrial) sowie der starke Individualisierungsdrang der Szenemitglieder läßt in der Gothic-Szene neue Untergruppen entstehen. Die Szene differenziert sich immer weiter aus. Dieser **Differenzierungstrend**, der in allen Szenen zu beobachten ist, ist so stark, daß verallgemeinernde

---

[70]Vgl.: Hitzler / Bucher / Niederbacher (2001), S. 80.

Aussagen über die Gothic-Szene nur noch schwer möglich sind.[71] Allein die geschätzte Anzahl der „Fakes" von 70-80% macht dies deutlich. Problematisch wäre eine solch hohe Zahl der „Fakes" auch, weil Außenstehende, die sich mit der Szene nicht auskennen, aufgrund der präsentierten Zeichen die "Fakes" der Szene zuordnen und deren Handlungen als der Szene zugehörig auffassen. „Fakes", die nicht die Einstellung der Szene teilen, können somit für ein verschobenes Bild der Gothic-Szene in der Öffentlichkeit verantwortlich sein.

3.6 Fazit

Welche Kritikpunkte werden der Gesellschaft durch das Äußere der Gothics entgegengebracht? Kritisiert werden die soziale Verdrängung des Todes, die Leistungs- und Spaßgesellschaft, die Kirche und zum Teil das Christentum sowie die Verleugnung beziehungsweise Unterdrückung der im Volksglauben als negativ empfundenen und im Christentum als negativ apostrophierten Seiten des Menschen. Die Gothic-Szene ist keine Szene, die sich auf der Straße abspielt. Sie ist ruhig, gewaltlos und zurückgezogen. Nicht Provokation oder Schockierung ist das Hauptmotiv für die Wahl des gothictypischen Stils, sondern die Unterstreichung des eigenen, „schwarzen" Lebensgefühls der Szenemitglieder. Die Gesellschaft, wenn nicht persönlich betroffen durch der Szene angehörende Verwandte oder Bekannte, kommt häufig nur mit dem Äußeren, dem Outfit der Gothics in Kontakt. Kirchenkritische, magische und heidnische Symboliken, unter denen sich zum Teil auch solche befinden, die im Dritten Reich ihre Verwendung fanden, Symbole, die den Tod und das Böse darstellen, Vergangenheit und Endlichkeit symbolisierende(s) Kleidung und Make-up erscheinen im tradierten

---

[71]Dies war in dieser Arbeit nur durch eine genaue Abgrenzung zu anderen Szenen möglich.

als auch im szenetypischen Verständnis als Gegenentwurf und Kritikpunkt zu unserer heutigen Gesellschaft. Unsere Gesellschaft ist immer
noch, wenn auch ein Verlust an Glaubensvorstellungen attestiert werden kann, durch das Christentum geprägt. Die Symboliken stellen aber
auch eine Abwendung gegenüber den leistungs-, macht- und anpas-
sungsbezogenen Wertorientierungen, die in der heutigen Gesellschaft
vorherrschend sind, dar. Besonders die Formen der Beschäftigung mit
dem Tod sind extrem und wirken verstörend, vor allem, weil in unserer
Gesellschaft Tod und Trauer überwiegend verdrängt werden. Die Themen der Gothics sind zum großen Teil Tabuthemen. Satanismus, Tod
und Sadomasochismus kommen vor allem auf der imaginären und der
Zeichenebene vor. Die Bearbeitung findet, wie im Erklärungsansatz
deutlich geworden ist, nicht nur auf der äußeren Ebene statt. Gothics
beschäftigen sich auch auf der künstlerischen und literarischen Ebene
mit den Themen Tod, Vergangenheit, Religion, Magie, dem Dunklen,
Unfreien und Extremen Gefühlen. Das Interesse für diese Thematik
rührt aus ihrem Lebensgefühl her, das unter anderem durch ihre Herkunft erklärbar ist.

In der Szene haben sich eigene Einstellungen und Wertorientierungen entwickelt, die zum Teil als Widerspruch zur Selbstpräsentation
erscheinen. So sind Satanismus, Gewalt, Tod und zum Teil rechte Symbolik als Zeichen in der Szene wiederzufinden. Die Beschäftigung mit
Satanismus, Tod und Gewalt findet nur auf der äußeren, literarischen
und künstlerischen Ebene statt. Die Gothics setzen sich zwar in unterschiedlichen Ausmaßen mit den Themen auseinander, praktizieren
aber keinen der Bereiche. In der Szene existiert eine Tabuzone, die die
Szenemitglieder vor zu starken nekrophilen Phantasien schützt. Besonders bei den Bereichen Suizid und Friedhofsschändung greift der
Mechanismus der Tabuisierung, der mit Isolation bestraft. Auch von
Gothics verwendete tradierte, heidnische Symboliken, die im Dritten
Reich mißbraucht wurden, sind selten Zeichen rechter Gesinnung. Go-

thics benutzen diese Symboliken meist mit dem Gedanken an den ursprünglichen Glauben. Daß es trotzdem einen, wenn auch sehr kleinen, rechten, gewaltfreien Rand der Szene gibt, der besonders durch die Lieder einiger Musiker Ausdruck erhält, liegt unter anderem an den Gemeinsamkeiten, die Neonazis und viele Gothics teilen: Kulturpessimismus, Ablehnung des Christentums, Interesse an heidnischen Glaubensvorstellungen und Elitebewußtsein.

Ist HEBIDGES These auf die Gothic-Szene übertragbar, nach der der Stil einer Subkultur ihre zentralen Werte widerspiegelt? Im Erklärungsansatz konnte gezeigt werden, daß alle Themen, die von den Szenemitgliedern durch Zeichen nach außen präsentiert werden, auch eine Auseinandersetzung auf verschiedenen Ebenen erfahren. Die Frage nach der Übertragbarkeit von HEBIDGES These kann in Bezug auf diese Szene also mit ja beantwortet werden.

Betrachten wir die nach außen getragenen Themen der Szene, so wird sichtbar, daß sich hier Anknüpfungspunkte für Vorwürfe verschiedenen abweichenden Verhaltens finden lassen. Besonders die Praktizierung des satanistischen Glaubens, Grabschändung, die durch die Nutzung des Friedhofes als Aufenthaltsort einer Szene vermutet werden könnte, Gewaltanwendung und der Hang zum Suizid lassen sich aus den präsentierten Zeichen ableiten. Nichtkenner der Szene können allein durch Schluß vom Äußeren der Gothics auf die tatsächlichen Einstellungen schnell zu falschen Urteilen über die Szene kommen.

Mit diesem Fazit konnte aber gezeigt werden, daß Vorurteile zu Satanismus, Grabschändung, Suizidgefährdung oder einer Rechtswendung der Szene nicht zutreffen.

4 Fremdpräsentation

Nachdem im ersten Teil der Arbeit untersucht wurde, wie sich die Szene selbst präsentiert und warum sie das in dieser Form tut, soll im zweiten Teil der Arbeit analysiert werden, wie die Szene von anderen, von den Massenmedien präsentiert wird. Anspruch hierbei ist nicht die Erfassung eines allgemeinen Bildes in den Massenmedien. Die Analyse und Fragestellung nimmt bezug auf die im ersten Teil der Arbeit herausgearbeiteten, möglichen Verständnisprobleme und Fehldeutungen der Szene. Doch hierzu im Kapitel Vorgehensweise mehr.

Bevor mit der Analyse begonnen wird, folgt nun ein kurzer Überblick über den Begriff der Massenmedien.

4.1 Begriffsbestimmung Massenmedien

„Was wir über unsere Gesellschaft [...], in der wir leben, wissen, wissen wir durch die Massenmedien."[1] Unter einem Medium versteht man im alltäglichen Sprachgebrauch einen Vermittler. Medien speichern, bewahren, übertragen und vermitteln Informationen über eine zeitliche und räumliche Distanz hinweg. „Demnach kann als ein 'Medium' bezeichnet werden, 'was für und zwischen Menschen ein (bedeutungsvolles) Zeichen (oder einen Zeichenkomplex) mit Hilfe geeigneter Transmitter vermittelt, und zwar über zeitliche und / oder räumliche

---

[1] Luhmann (1996), S. 9. Auch wenn hinter diesem Satz LUHMANNS eigenes Gedanken- und Begriffsgebäude steht, kann er doch als allgemeingültig verstanden werden. Diese Aussage wird in dieser Arbeit frei von LUHMANNS Systemtheorie gebraucht.

Distanzen hinweg' "[2]. Wenden wir uns nun dem Begriff der Massenmedien zu. LUHMANN versteht unter Massenmedien „alle Einrichtungen der Gesellschaft [...], die sich zur Verbreitung von Kommunikation technischer Mittel der Vervielfältigung bedienen."[3] Hierzu zählen also nicht nur Zeitungen, Zeitschriften, Rundfunk, Fernsehen, sondern auch Bücher etc. Ein wichtiges Merkmal der Massenmedien ist, daß Sender und Empfänger nicht in Interaktion treten. Eine Interaktion kommt nur in Ausnahmefällen zustande (bei Leserbriefen, Höreranrufen), diese ist allerdings immer selektiert, es findet zum Beispiel eine Vorauswahl der Leserbriefe statt beziehungsweise erscheint inszeniert (bei Höreranrufen)[4].

Das eingangs aufgeführte Zitat macht die Stellung der Massenmedien in unserer Gesellschaft deutlich. Unser Wissen über die Gesellschaft stammt aus den Massenmedien. Es ist den Massenmedien nicht möglich, die Gesellschaft abzubilden wie sie ist.[5] Sie schaffen ihre eigene Realität. Allein die Vorauswahl der Nachrichten, die Selektoren, die bestimmen, welche Nachricht als Wert erachtet wird, in den Zeitungen zu erscheinen, trägt zu der Konstruktion einer Realität der Massenmedien bei. Massenmedien nehmen Einfluß auf das Vermittelte, das bedeutet, sie verhalten sich der Botschaft gegenüber nicht neutral, sondern passen den Inhalt an „gesellschaftlich relevante kulturelle Normierungen, juristische und politische Regulationen usw."[6] an, denn diejenigen, die beispielsweise die Nachrichten erzeugen, interpretieren erstens selbst die Botschaft, zweitens wird sie auch durch die Umformung in Zeichen und entsprechend den Nachrichten-

---

[2]Neumann-Braun (2000), S. 30.
[3]Luhmann (1996), S. 10.
[4]Vgl.: Luhmann (1996), S. 11.
[5]Die Frage nach *der* Realität soll an dieser Stelle nicht diskutiert werden.
[6]Neumann-Braun (2000), S. 34.

werten[7] verändert, und es wird auf die „juristisch-ökonomischen 'gate keeper'"[8] der Medien Rücksicht genommen. Gleichermaßen interpretieren auch die Rezipienten je nach Voreinstellungen, Fähigkeiten, Gewohnheiten nach ihrer eigenen Wirklichkeitsinterpretation unterschiedlich. „'Kommunikation' kann demnach nur als Resultat *zweier* Realitätskonstruktionshandlungen auf der Input- *und* auf der Output-Seite des Kanals verstanden werden."[9] Es findet also keine Übernahme der medialen Realität statt, sondern die Wahrnehmung der Realität verändert sich.[10]

Vorgehensweise

Konstruieren die Massenmedien Realität und stammt unser Wissen über die Gesellschaft aus ihnen, so ist es interessant, wie die Massenmedien mit der Gothic-Szene umgehen, welches Bild sie von ihnen liefern. In diesem Teil der Arbeit soll untersucht werden, inwieweit das Urteil von abweichendem Verhalten in den Massenmedien weitergetragen wird. Als Methode wird die Inhaltsanalyse gewählt.

4.2 Methode

Mit Hilfe der Inhaltsanalyse lassen sich Aussagen über den Rezipienten, den Sender oder nur über den Inhalt von Texten, Tönen, Bildern

---

[7]Nachrichtenwerte sind: Konflikt, Bezug zur Leserschaft, Aktualität, Einfachheit, Personalisierung gegenüber Abstraktheit, Unerwartetes, Möglichkeit der Weiterführung, Thematisierung von „elite nations" und „elite persons", kulturelle Spezifizierung (Artikel, die über Ereignisse der Kultur der Leser berichten, haben einen höheren Nachrichtenwert als Artikel, die über andere Ereignisse anderer Kulturen informieren), Negativität (schlechte Neuigkeiten haben einen höheren Nachrichtenwert). Vgl.: Allan (1999), S. 62ff.
[8]Neumann-Braun, (2000), S. 35.
[9]Neumann-Braun (2000), S. 35. (Hervorhebung im Original, U.M.)
[10]Vgl.: Horster (1997), S. 167.

und Sendungen machen. Sie findet Anwendung sowohl in der Literaturwissenschaft, als auch in der Werbeforschung, psychotherapeutischen Forschung, der Soziologie etc. Vorteil bei der Analyse von Texten ist, daß der Forscher durch seine Analyse den Erhebungsgegenstand nicht mehr verändern kann.

Der Inhaltsanalyse liegt die Theorie der sprachlichen Zeichen, die Semiotik zugrunde. Unterscheidbar sind vier Untersuchungsaspekte der Semiotik: der syntaktische Aspekt (Beziehung zwischen verschiedenen Zeichen), der semantische Aspekt (die Beziehung zwischen Zeichenträger und Bedeutung), der pragmatische Aspekt (Beziehung zwischen Zeichen und Zeichenbenutzer sowie dem Handlungszweck des Zeichenbenutzers) und der sigmatische Aspekt (Beziehung zwischen Zeichen und Realität/Objekt, das Zeichen als Benennung für ein Objekt).[11] Diese vier Untersuchungsaspekte zeigen auch die Probleme einer Inhaltsanalyse auf. Es existieren Mehrdeutigkeiten auf der semantischen und pragmatischen Ebene sowie auf der Kontextebene, die der Inhaltsanalytiker bei seiner Codierung und Interpretation berücksichtigen muß. Ein Beispiel für eine solche Mehrdeutigkeit ist die Berichterstattung über die Rechtswendung der Szene. Wird der Kontext dieser Aussage nicht näher erläutert, kann diese Formulierung mehreres bedeuten. Von einer Rechtswendung kann gesprochen werden, wenn sich eine eigentlich stark linke Szene mehr der politischen Mitte annähert, es kann aber genauso die Rede von ihr sein, wenn sich die Szene in das rechte Spektrum bewegt. Dem Codierer muß also der Kontext klar sein, in dem diese Aussage steht, um sie richtig in Kategorien einordnen zu können.

Der Ablaufplan der Inhaltsanalyse ist an den Vorschlag von MAYRING[12] angelehnt. Es handelt sich hierbei um eine qualitative Inhaltsanalyse, die allerdings auch quantitative Anteile berücksichtigt. Dies

---

[11]Vgl.: Bußmann (1990), S. 679, sowie Friedrichs (1980), S. 315.
[12]Vgl.: Mayring (1995), S. 50ff.

hat den Vorteil, daß die qualitativen Operationen: Kategorienbildung und Aufstellung der Fragen in die Analyse miteinbezogen und thematisiert werden.[13] Sowohl die Fragestellung, die Auswahl des Untersuchungsmaterials und die Kategorienbildung, als auch die Interpretation der Ergebnisse erfolgen in dieser Arbeit auf qualitiativem, die Datenerfassung hingegen auf quantitativem Niveau. Wie sieht der **Ablaufplan** einer Inhaltsanalyse aus? Zuerst soll das zu analysierende Material festgelegt werden. Wie bereits angedeutet, soll und kann nicht die Darstellung aller Massenmedien untersucht werden. Folgende Stichprobe wurde durchgeführt: Beschränkt wird sich erstens auf gedruckte Nachrichten/Berichte und zweitens auf solche aus den größten überregionalen Zeitungen.[14] Zeitungen, von denen man erwartet, daß sie das Klischee der Szene bedienen – Boulevardblätter (zum Beispiel *Bild*), sollen nicht zur Analyse herangezogen werden. Für die Untersuchung werden alle Artikel von 1996 bis 2002, die auf die Szene bezug nehmen[15] (insgesamt 49 Artikel) von vier überregionalen Tageszeitungen (*Süddeutsche, Frankfurter Allgemeine Zeitung, Die Welt, Die Tageszeitung*) ausgewertet. Bei der *Die Tageszeitung* wurden wegen des hohen Umfangs der die Gothic-Szene thematisierenden Artikel 15 Artikel nach dem Zufallsprinzip ausgewählt.[16]

---

[13]Vgl.: Mayring (1995), S. 19.

[14]Hierzu zählen unter anderem die linksliberale *Süddeutsche Zeitung* mit einer Auflage von 405.000, die liberal-konservative *Frankfurter Allgemeine Zeitung* mit einer Auflage von 384.000, die linksorientierte *Frankfurter Rundschau* mit einer Auflage von 188.000, die grün alternative orientierte *Die Tageszeitung* mit einer Auflage von 58.000 und die rechtsorienterte *Die Welt* mit einer Auflage von 215.000. Die Daten beziehen sich auf das dritte Viertel des Jahres 1994. Vgl. Rudzio (1996), S. 463-468.

[15]Die Artikel wurden nach den Begriffen Gothic, Gothics, Grufti, Gruftie, Gruftis sowie Grufties durchsucht. Artikel, die mindestens einen dieser Begriffe enthielten und die Szene betrafen, wurden dann für die weitere Untersuchung verwendet.

[16]Bei dieser Stichprobe lagen alle Artikel der taz mit den oben genannten enthaltenen Begriffen vor. Aus dieser Menge wurden willkürlich 15 Artikel ausgewählt. Es bestand also für alle Artikel die Möglichkeit ausgewählt zu werden. Vgl.: Friedrichs (1990), S. 142.

Der angegebene Zeitraum wird aus zwei Gründen gewählt: erstens, weil aktueller Bezug intendiert und zweitens, weil der ebenfalls in der Untersuchung behandelte relativ neue Vorwurf des Rechtsextremismus[17] von Bedeutung ist. Aus Gründen des Umfangs werden nur jene Artikel zur Untersuchung herangezogen, die die Gohtic-Szene über eine reine Nennung der Szene hinausgehend thematisieren. Eine Ausnahme hierbei sollen die Artikel mit einer reinen Nennung der Gothic-Szene sein, wenn der Kontext abweichendes Verhalten[18] beziehungsweise Rechtsextremismus ist. Diese Ausnahme wird gemacht, weil Thema der Untersuchung nicht die Analyse des Bildes der Szene in den Medien ist, sondern das Augenmerk auf die im ersten Teil der Arbeit herausgearbeiteten möglichen Verständnisprobleme und Fehldeutungen bezüglich abweichenden Verhaltens und Rechtsextremismus der Szene liegt.

Als nächster Schritt soll die **Entstehungssituation** des Materials untersucht werden. Hierzu lassen sich für die Analyse keine weiteren wichtigen Angaben machen. Es ist unbekannt, welche Ziele die Redakteure mit den Artikeln verfolgen (außer Information und Verkauf der Zeitungen / des Journals), welche Entstehungszeit die jeweiligen Artikel hatten etc. Bei diesen Artikeln wurde zum Teil der Autor angegeben, es handelt sich um soft als auch um hard news[19]. Die Artikel befinden sich in den unterschiedlichsten Themenschwerpunkten (Feuilleton, Panorama, Deutschland und die Welt etc.).

Welche **Richtung** hat die Analyse? Wie bereits beschrieben, haben sich in der Szene eigene Einstellungen und Wertorientierungen entwi-

---

[17]Der Begriff „Rechtsextremismus" hat seit den 70er Jahren den Begriff „Rechtsradikalismus" abgelöst. Zur genaueren Bestimmung des Begriffs siehe Richtung der Analyse. Vgl.: Jaschke (1994) S. 27.

[18]Was in dieser Arbeit zu abweichendem Verhalten gerechnet wird, wird unter Richtung der Analyse beschrieben.

[19]Vgl.: Allan (1999), S. 67. Soft news sind weniger an Aktualität gebunden als hard news.

ckelt, die zum Teil als Widerspruch zur Selbstpräsentation der Szene erscheinen. So findet die Beschäftigung mit Satanismus, Tod, Krieg und Kampf nur auf der äußeren, literarischen und künstlerischen Ebene statt. Keiner dieser Bereiche wird praktiziert. Eine mögliche Ausübung (zum Beispiel Mord, Gewalt, schwarze Messe in Kombination mit Gewalt als möglicher praktizierter Teil des Satanismus) wäre als abweichendes, gesetzeswidriges Verhalten[20] einzustufen. Nekrophilie, die ebenfalls auf der Zeichenebene in der Szene präsentiert wird, ist ein weiterer Bereich gesetzeswidrigen Verhaltens. Auch die bloße Übernahme und Ausübung (ohne Gewalt) der Glaubensform Satanismus[21] sowie der Suizid[22] stellt eine starke Abweichung, allerdings nicht vom Gesetz, sondern von gängigen Verhaltenserwartungen dar. Als gesonderter Punkt tritt der Vorwurf des Rechtsextremismus auf.[23] Er ist hier

---

[20]Bei abweichendem Verhalten ist immer die Rede von Normbruch, ob man nun der Definition der Etikettierungstheorie, in der abweichendes Verhalten als „Verhalten, das als Normbruch 'registriert' worden ist" (Peters (1995), S. 20.) folgt, oder der traditionellen Devianzsoziologie, in der abweichendes Verhalten „dem Selbstverständnis des Abweichers nach Normbruch" ist. (Peters (1995), S. 20.) In dieser Arbeit wird zwischen zwei Arten von abweichenden Verhalten unterschieden – zwischen Verhalten, das gegen das Gesetz verstößt und starkes Abweichen von Verhaltenserwartungen, die nicht im Gesetz verankert sind.

[21]Die Verehrung Satans, die sich durch die Prakizierung des Satanismus äußert und zum Verhalten wird, ist zumindest in Deutschland immer noch von den hier üblichen Bräuchen und Gewohnheiten abweichend und wird nicht als Religion anerkannt.

[22]Suizid ist straflos: StGB §§211 bis 216, 10(4).

[23]„Unter 'Rechtsextremismus' verstehen wir die Gesamtheit von Einstellungen, Verhaltensweisen und Aktionen, organisiert oder nicht, die von der rassisch oder ethnisch bedingten sozialen Ungleichheit der Menschen ausgehen, nach ethnischer Homogenität von Völkern verlangen und das Gleichheitsgebot der Menschenrechts-Deklarationen ablehnen, die den Vorrang der Gemeinschaft vor dem Individuum betonen, von der Unterordnung des Bürgers unter die Staatsräson ausgehen und die den Wertepluralismus einer liberalen Demokratie ablehnen und Demokratisierung rückgängig machen wollen. Unter 'Rechtsextremismus' verstehen wir insbesondere Zielsetzungen, die den Individualismus aufgeben wollen zugunsten einer völkischen, kollektivistischen, ethnisch homogenen Gemeinschaft in einem starken Nartionalstaat und in Verbindung damit den Multikulturalismus ablehnen und entschieden bekämpfen. Rechtsextremismus ist eine antimodernistische, auf soziale Verwerfungen industriegesellschaftlicher Ent-

als politische Anschauung nicht als abweichendes Verhalten zu sehen, wird aber aufgeführt, da er zumindest in Deutschland als gefährlich eingestuft (unter anderem durch die Ablehnung des „Wertepluralismus einer liberalen Demokratie"[24]) und geächtet[25] wird. Die Zielsetzungen einer politisch extremistischen Organisation allerdings verstoßen „gegen die demokratisch freiheitliche Grundordnung"[26]. Wird nun versucht, die Ideologie zum Beispiel durch „Propagandamittel verfassungswidriger Organisationen"[27] oder durch Tragen von Kennzeichen der in „§86 Abs. 1 Nr. 1, 2 und 4 [des StGB, U.M.] bezeichneten Parteien oder Vereinigungen"[28] zu verbreiten oder sie durchzusetzen, wird dies als Straftat gewertet. In der Gothic-Szene existiert ein kleiner rechter Rand, von einer Rechtswendung der gesamten Szene kann aber nicht gesprochen werden. Interessant ist, inwieweit Fehldeutungen, nämlich Unterstellung abweichenden Verhaltens (gegen das Gesetz und gegen Verhaltenserwartungen, die nicht im Gesetz verankert sind) und Rechtsextremismus der Szene, in den Medien wiederzufinden sind. Es ergeben sich folgende Fragestellungen für die Untersuchung:

Wird abweichendes Verhalten (gegen das Gesetz und gegen Verhaltenserwartungen, die nicht im Gesetz verankert sind) und Rechtsextremismus mit der Szene verbunden und wenn ja, welches abweichende Verhalten? Wie wird mit Abweichungen beziehungsweise Rechtsextremismus einzelner Gothics umgegangen? Wird hier die gesamte Szene thematisiert und das abweichende Verhalten beziehungsweise der Rechtsextremismus dieser Einzelperson als Beispiel für die Szene gesetzt?

---

wicklung reagierende, sich europaweit in Ansätzen zur sozialen Bewegung formierende Protestform." (Hervorhebungen weggelassen, U.M.) Jaschke (1994), S. 31.

[24] Jaschke (1994), S. 31.

[25] Der Begriff Ächtung wurde hier in Anlehnung an den Vorschlag von STALLBERG benutzt. Stallberg (1996) S. 111 ff.

[26] Jaschke (1994), S. 26.

[27] www.global-patchwork.de/gsta/86a.htm Stand 20.09.03, 11.31 Uhr.

[28] www.global-patchwork.de/gsta/86a.htm Stand 20.09.03; 11.35 Uhr.

Es interessiert also weniger, ob Mitglieder der Szene diese Taten durchgeführt haben, sondern vielmehr, wie diese Taten und Täter in den Massenmedien präsentiert werden und ob die gesamte Szene in diesem Moment behandelt und verurteilt wird.

Bevor im nächsten Schritt die Analyseeinheiten festgelegt werden, erfolgt eine kurze Vorstellung der verschiedenen Interpretationsverfahren. MAYRING[29] differenziert zwischen der Zusammenfassung, der Explikation und der Strukturierung. Ziel des zusammenfassenden Interpretationsverfahrens ist es, „das Material so zu reduzieren, daß die wesentlichen Inhalte erhalten bleiben, durch Abstraktion einen überschaubaren Corpus zu schaffen, der immer noch Abbild des Grundmaterials ist."[30] Das Ziel des Verfahrens der Explikation ist es, „zu einzelnen fraglichen Textteilen (Begriffen, Sätzen, ...) zusätzliches Material heranzutragen, das das Verständnis erweitert, das die Textstelle erläutert, erklärt, ausdeutet."[31] In dieser Arbeit wird das dritte Interpretationsverfahren – die Strukturierung angewandt, mit deren Hilfe eine Struktur aus dem Material herausgefiltert werden soll.

MAYRING unterscheidet vier Formen der strukturierenden Inhaltsanalyse: die formale, inhaltliche, typisierende und skalierende Strukturierung[32]. Für diese Arbeit interessiert die skalierende Strukturierung, mit der sich „zu einzelnen Dimensionen Ausprägungen in Form von Skalenpunkten definieren"[33] lassen und das Material daraufhin einschätzbar wird. Mit Hilfe der skalierenden Strukturierung soll herausgefunden werden, ob und wie stark die Szene mit abweichendem Verhalten und mit Rechtsextremismus in den Zeitungsartikeln verbunden wird. Folgende Skalen werden benutzt:

---

[29]Vgl.: Mayring (1995), S. 54.
[30]Mayring (1995), S. 54.
[31]Mayring (1995), S. 54.
[32]Vgl.: Mayring (1995), S. 79.
[33]Vgl.: Mayring (1995), S.79.

- **Verbindung hergestellt** (im Artikel wird unterstellt, daß die jeweilige Tat szenetypisch ist)

- **Erwähnt** (Abweichendes Verhalten und Szene werden in einem Artikel erwähnt, ohne daß eine ausdrückliche Verbindung hergestellt beziehungsweise als nicht vorhanden bezeichnet wird)

- **Nicht erwähnt** (in einem Artikel zum Thema Gothic-Szene wird abweichendes Verhalten und Rechtsextremismus nicht erwähnt)[34]

- **Verbindung als nicht herstellbar bezeichnet** (im Artikel wird ausdrücklich beschrieben, daß die Tat nicht szenetypisch ist)

An dieser Stelle sollen nun die **Analyseeinheiten** festgelegt werden. Bei den Analyseeinheiten wird zwischen der Erhebungseinheit, die „das Element der Stichprobe bildet"[35] und der Aussageeinheit, die in der Interpretation zur Geltung kommt, unterschieden. Immer wenn in einem Artikel eine Verbindung zwischen abweichendem Verhalten beziehungsweise Rechtsextremismus und der Gothic-Szene hergestellt, als nicht herstellbar bezeichnet oder in einem Artikel mit abweichendem Verhalten die Gothic-Szene erwähnt wird, soll dies als Erhebungseinheit gelten. Sind mehrere Erhebungseinheiten desselben Skalenpunktes derselben Kategorie in einem Artikel zu finden, werden sie zu einer Aussageeinheit zusammengefaßt. Sind mehrere Erhebungseinheiten verschiedener Skalenpunkte derselben Kategorie in einem Artikel zu finden, so wird dieses Problem jeweils einzeln geklärt. Für die Kodiereinheit[36], die den kleinstmöglichen Textbestandteil festsetzt, der

---

[34]Artikel mit dem Thema abweichendem Verhalten ohne Thematisierung der Gothic-Szene finden keine Berücksichtigung in dieser Arbeit.

[35]Friedrichs (1990), S. 324.

[36]Zu Kodier- und Kontexteinheit vgl. Mayring (1995), S. 49.

unter eine Kategorie fällt, gilt aufgrund des Skalenpunktes „Nicht erwähnt", daß auch etwas Fehlendes (also 0) hier kodiert werden kann. Artikel, die diesem Skalenpunkt zuzuordnen sind, werden ohne Textstelle aufgeführt. Die Kontexteinheit, die den größtmöglichen Textbestandteil festsetzt, der in einer Kategorie eingeordnet werden darf, umfaßt den jeweiligen Artikel. Die Aussageeinheit bezieht sich immer auf einen Artikel. Ein Artikel kann auch zu mehreren Kategorien zugeordnet werden, nicht aber zu mehreren Skalenpunkten der gleichen Kategorie. Sollten mehrere Textstellen eines Artikels zu mehreren Skalenpunkten einer Kategorie zugeordnet werden können, muß sich für einen Skalenpunkt mit Begründung entschieden werden.

Nachdem die Analyseeinheiten bestimmt wurden, soll nun das **Kategoriensystem** zusammengestellt werden. Hierfür werden nicht nur die Ergebnisse des ersten Teiles der Arbeit, die herausgearbeiteten, möglichen Verständnisprobleme und Fehldeutungen der Szene herangezogen. Eine erste Sichtung des Materials soll darüber Aufschluß geben, ob abweichendes Verhalten und Rechtsextremismus überhaupt in Verbindung zur Szene in diesen Artikeln thematisiert wird und ob noch weitere abweichende Verhaltensformen den Szenemitgliedern zugeschrieben werden, um dann ein Kategoriensystem erstellen zu können, das alle erwähnten, abweichenden Verhaltensformen beinhaltet.

Die Sichtung hat gezeigt, daß tatsächlich Verbindungen zwischen der Gothic-Szene und abweichendem Verhalten beziehungsweise Rechtsextremismus hergestellt werden, aber dies nicht in allen Artikeln geschieht. Nicht nur die Einzelperson, die die Tat begangen hat, sondern die gesamte Szene wird häufig thematisiert. Diese Verbindungen zeigen sich allerdings nicht in eindeutigen Aussagen. Formulierungen wie: „Alle Mitglieder der Gothic-Szene sind Mörder" sind an keiner Stelle zu beobachten. Die Verbindungsherstellungen passieren indirekter.

Aus den aus dem ersten Teil dieser Arbeit herausgearbeiteten, möglichen Verständnisproblemen und Fehldeutungen der Szene sowie aus der Sichtung des Materials ergeben sich folgende abweichende Verhaltensformen, mit denen die Szene in Verbindung gebracht wird: Satanismus in Verbindung mit Gewalt; Mord; Suizid; den Friedhof betreffend: Ruhestörung[37], Grabschändung, sowie Sonstige Gewalt. Rechtsextremismus kommt wie beschrieben als gesonderter Punkt hinzu. Daraus ergeben sich nun folgende Haupt- und Unterkategorien:

1. **Hauptkategorie** „starkes Abweichen von Verhaltenserwartungen, die nicht im Gesetz verankert sind" mit ihren Unterkategorien: „Praktizierter Satanismus", „Suizid" sowie „Sonstiges" (Satanismus wird extra aufgeführt, da er sehr häufig erscheint und eine Verbindung aufgrund der Zeichen der Szene denkbar ist, wie im ersten Teil dieser Arbeit gezeigt wurde)

2. **Hauptkategorie** „Gesetzeswidriges Verhalten": „Satanismus in Verbindung mit Gewalt"; „Mord"; den Friedhof betreffend: „Ruhestörung", „Grabschändung" sowie „Sonstige Gewalt"

3. **Hauptkategorie** „Stark kritisierte Ideologie": „Rechtsextremismus". Zu den Unterkategorien werden die Skalenpunkte zugeordnet

Um die Kategorien und Skalen überprüfen zu können, erfolgt ein Materialdurchlauf in dem aufgeführten Kategorien- und Skalensystem. Zu jeder Kategorie wurde ein Ankerbeispiel, das als Beispiel für die Kategorie gelten soll, angegeben und Kodierregeln[38], wenn nötig,

---

[37]Ruhestörung zum Beispiel in Form von Feiern auf Friedhöfen, die keine Gedenkfeiern sind, sind ordnungswidrig, da sie nicht der „Würde des Ortes" entsprechen. Bremer Friedhofsordnung §13; vgl.: Bremer Friedhofsordnung §15 (www-user.uni-bremen.de/~elsahb/gesetze/FriedhosO.html)

[38]Kodierregeln werden dort eingesetzt, wo zwischen den einzelnen Kategorien Abgrenzungsprobleme auftreten, um eindeutig zuordnen zu können. Vgl.: Mayring (1995), S. 77.

aufgestellt. Die Auflistung dieser Überprüfung befindet sich im Anhang. (Fig. 1) Der Durchlauf hat gezeigt, daß eine weitere Kategorie unter der Hauptkategorie „Abweichendes gesetzeswidriges Verhalten" notwendig ist: „Sonstiges". Außerdem soll der Skalenpunkt „Nicht
erwähnt" als Extraskalenpunkt für alle drei Hauptkategorien und nicht
einzeln für die Unterkategorie gelten. Auf diese Weise kann einfach
veranschaulicht werden, in welchen Artikeln über die Gothic-Szene
jegliches abweichendes Verhalten beziehungsweise Rechtsextremismus
unerwähnt bleibt. Die Sortierung erfolgt nach der jeweiligen Zeitung.
Die Legende mit den Ergebnissen befindet sich ebenfalls im Anhang
(Fig. 2).

4.3 Auswertung

In der nachfolgenden Auswertung wird darauf verzichtet, Vergleiche
zwischen den einzelnen Zeitungen zu ziehen. Diese Aussagen sind in
der vorliegenden Arbeit nicht von Interesse. Es soll nur gezeigt werden,
welches Bild sich bezüglich des Vorwurfs abweichenden Verhaltens und
Rechtsextremismus gegenüber der Gothic-Szene insgesamt in den untersuchten Zeitungen ergibt. In Klammern befindet sich die Nummer
des Artikels, gemäß der der Artikel in der Anlage aufgeführt ist. In der
Anlage sind sowohl die Textstellen, die den jeweiligen Skalenpunkten
und Kategorien zugeordnet sind, als auch die Erklärungen zu diesen
Zuordnungen zu finden (Fig. 4).
Was läßt sich aus den Daten ablesen? Für alle Zeitungen gilt, daß
ein größerer Bezug zu gesetzeswidrigen Verhaltensabweichungen als
zu starken Abweichungen von Verhaltenserwartungen oder zu stark
kritisierten Ideologien in den Artikeln vorhanden ist. Dies läßt sich
sowohl bei den Skalenpunkten „Verbindung hergestellt" und „Verbindung erwähnt" als auch beim Skalenpunkt „Verbindung nicht herstellbar" erkennen. Die Ursache dieses Bezuges kann zumindest in den

Artikeln, in denen Verbindungen hergestellt beziehungsweise erwähnt werden, in dem größeren Nachrichtenwert[39], den der Artikel durch diese Thematisierung erhält, liegen. Weiter läßt sich erkennen, daß eine größere Tendenz besteht, Verbindungen zwischen der Gothic-Szene und abweichendem Verhalten beziehungsweise Rechtsextremismus als nicht vollziehbar zu beschreiben, als diese Verbindungen tatsächlich herzustellen (siehe Fig. 3). Insgesamt werden am häufigsten Praktizierter Satanismus, sonstige starke Abweichungen von Verhaltenserwartungen, sonstiges gesetzeswidriges Verhalten sowie sonstige Gewalt der Gothic-Szene als szenetypisch unterstellt. Hier muß allerdings hinzugefügt werden, daß Satanismus der meist diskutierteste Bereich in den Zeitungen war und wesentlich häufiger beschrieben wurde, daß Satanismus nicht szenetypisch ist. Dieser Aspekt wird an späterer Stelle aber noch ausführlicher behandelt. Schauen wir uns nun die drei anderen Kategorien genauer an.

Zu Zeichen der Gewalt (und ähnliches): Sonstiges und Sonstige Gewalt

Die in die Kategorie „Sonstige starke Abweichungen von Verhaltenserwartungen" unter dem Skalenpunkt „Verbindung hergestellt" eingeordneten Artikel bedürfen einer genaueren Untersuchung, da es sich, wie noch zu zeigen ist, um zwei Artikel besonderer Brisanz handelt. Die beiden Artikel (Nr. 11; Nr. 12) nehmen Bezug auf den Mord eines Schülers an seiner Lehrerin in Meißen. Sie erschienen am selben Tag und enthielten die gleiche der oben angegebenen Kategorie zugeordneten Textstelle: „Einige schlafen zu Haus in Särgen statt im herkömmlichen Bett. 'Es ist [...] eine Art Protest gegen das Leben.'" Der erste Satz bezieht sich nur auf einen Teil der Szene, der zweite

---

[39]Hierzu siehe Kapitel 4.1

Satz aber bezieht sich auf die gesamte Szene, weshalb die Kategorie greift. Die Aussage „Protest gegen das Leben" wird hier als Vorwurf des abweichenden Verhaltens eingestuft. Doch auch die Bemerkung zur Schlafstättenwahl einiger Gothics ist interessant. In beiden Artikeln wird nicht erwähnt, daß es sich bei der Schlafstättenwahl einiger Gothics, den Särgen, um ein ungewöhnliches und seltenes Phänomen in der Szene handelt. Die Bemerkung wird aufgeführt, nicht weiter kommentiert und gerät so in Verbindung mit den anderen Aussagen zur gesamten Szene.

In diesen Artikeln sind weiterhin Verbindungen zu Mord einmal hergestellt und einmal erwähnt worden. Der kürzere Artikel, der eine Zusammenfassung des ersten, längeren Artikels ist, enthält die Verbindungsherstellung. Er ist in zwei Teile gegliedert, der erste Teil informiert über den Mord und erwähnt die Szenezugehörigkeit des Mörders. Der zweite Teil gibt eine Erklärung zur Szene. Die Erklärung besteht nur aus negativen, die Szene als abweichend darstellenden Beschreibungen: „Die Jugendlichen pflegen eine Art persönlichen Todeskult. Einige schlafen zu Haus in Särgen [...]. 'Es ist [...] eine Art Protest gegen das Leben.' Die Anhänger seien sehr negativ orientiert. Einen einheitlichen Kult wie bei anderen Strömungen bei Jugendlichen gebe es aber nicht. Als Sekte könne man die Gruftis nicht bezeichnen [...]" Auf diese Weise wird hier eine Erklärung für den Mord in der Gothic-Szene gesucht und geschaffen. Wichtig ist bei der Beurteilung dieses Artikels die Betrachtung der Überschrift: „Protest in Schwarz. Was hinter der Grufti-Bewegung steckt". Leser, die den ersten längeren Artikel gelesen haben und nun wissen, daß der Täter der Gothic-Szene angehörte, erwarten durch diesen Artikel eine Erklärung zur Szene und erhalten nur diese Verbindungen. Da dieses Thema einen hohen Nachrichtenwert beinhaltet, ist es wahrscheinlich, daß der Artikel von einem großen Teil der Zeitungskäufer gelesen wurde.[40] Er erhält also eine hohe Brisanz.

Wenden wir uns nun den beiden Artikeln zu, die die Gothic-Szene mit sonstigem gesetzeswidrigen Verhalten verbinden. In den Artikeln wird nicht deutlich, um welche Art von gesetzeswidrigen Verhalten es sich handelt, mit der die Szene in Verbindung gebracht wird. Beim ersten Artikel (Nr. 20) werden die Szenemitglieder als „obskure Gestalten" bezeichnet und in der näheren Erläuterung zu dem Ausdruck „obskur" in eine Aufzählung mit Gesetzesbrechern („Junkies, Grufties und Verbrecher") gereiht. In dem anderen Artikel (Nr. 22) wird die Verbindungsherstellung noch deutlicher. Hier wird die Zugehörigkeit zur Gothic-Szene als stärker kriminell gewertet als Bagatelldiebstähle. In den beiden Artikeln zu sonstiger Gewalt geht es zum einen um Gewalt gegen Objekte (Nr. 21) und zum anderen um Gewalt allgemein (Nr. 9). Wie in Artikel Nr. 20 wird auch in Artikel Nr. 9 der Bezug zum gesetzeswidrigen Verhalten durch eine Aufzählung, in der sich nur stark abweichende Gruppen wie Hooligans, Skinheads etc. befinden, hergestellt. Die Verbindung zwischen diesen Szenen wird durch die vorhergehende Aussage „[...] die Nische als Forum von Aggression und Gewalt." geschaffen. Der Autor zählt im weiteren Text Szenen auf, in denen tatsächlich Aggression und Gewalt eine Rolle spielen. In diesem Zusammenhang wird dann auch die Gothic-Szene gebracht. Im Artikel Nr. 21, der von einer Friedhofsschändung berichtet, befindet sich ein unkommentiertes Zitat: „Gruftis geht es mehr um Randale". In diesem Artikel wird weiter eine Verbindung zwischen Grabschändung sowie Satanismus und Gothic-Szene erwähnt.

Fassen wir zusammen: In den Artikeln werden Bezüge hergestellt, in denen man erkennt, daß hier abweichendes Verhalten unterstellt wird,

---

[40]Einen Zusammenhang zwischen den Artikeln, in denen die Szene mit abweichendem Verhalten beziehungsweise Rechtsextremismus verbunden wurde und überdurchschnittlich hohen Nachrichtenwerten konnte nicht beobachtet werden.

doch bis auf einen Artikel (Nr. 21) wurde in keinem Artikel offensichtlich, welches abweichende Verhalten den Szenemitgliedern vorgeworfen wird. Brisanz erhalten besonders zwei Artikel durch ihre hohen Nachrichtenwerte, in denen Verbindungen zu sonstigen starken Abweichungen und einmal zu Mord hergestellt und einmal erwähnt werden. Die Artikel, in denen Gewaltanwendung als typisch für die Gothic-Szene unterstellt wird, sind Artikel, die die Szene am stärksten entgegen ihrer Grundeinstellung falsch bewerten. Wie gezeigt wurde, ist einer der höchsten Werte der Szene die Gewaltlosigkeit.

Zu heidnischen und antichristlichen Zeichen: Der Vorwurf des Rechtsextremismus und Satanismus

Die meistdiskutiertesten Bereiche waren der praktizierte Satanismus und der Rechtsextremismus. Alle untersuchten Zeitungen thematisierten in mindestens einem Artikel die beiden Bereiche. Jeweils sechsmal wurde beschrieben, daß Satanismus und Rechtsextremismus nicht szenetypisch seien, zweimal wurden Bezüge zum praktiziertem Satanismus und einmal zum Rechtsextremismus hergestellt und einmal zum letztgenannten erwähnt. „Satanismus" erhält in Verbindung mit der Kategorie „Satanismus mit Gewalt" einen noch höheren Stellenwert als häufig diskutiertes Thema. In den untersuchten Artikeln wurde aber nur deutlich gemacht, daß Satanismus und Gewalt als nicht szenetypisch gesehen werden dürfen. Hier haben wir ein interessantes Phänomen. Bis auf zwei Artikel wird sich in allen Zeitungen (in zehn Artikeln) gegen eine Verbindungsherstellung zu praktiziertem Satanismus mit und ohne Gewalt ausgessprochen. Auch bloße Erwähnungen der Szene in einem Artikel über Satanismus mit und ohne Gewalt konnten nicht beobachtet werden. Dieser Bereich scheint also schon sehr stark als Vorurteil bekannt zu sein, da es fast durchgängig als nicht zutreffend für die Szene beurteilt wurde.

Ähnlich verhält es sich mit dem Vorwurf des Rechtsextremismus. In sechs Artikeln wird gesagt, daß von einer Politisierung der Szene in die rechtsextreme Richtung nicht die Rede sein kann. In nur einem Artikel wird von einem „Rechtsdrall" der Szene gesprochen, in einem weiteren wird das Thema – Verbreitung rechtsextremer Ideologien – in der Szene angeschnitten ohne über die Gegenbewegungen wie GRUFTIES GEGEN RECHTS zu informieren. Auch hier kann wieder die breite Diskussion und genauere Auseinandersetzung mit dem Thema in den Medien für den Grund der überdurchschnittlich häufigen Ablehnung dieses Vorwurfs angeführt werden.

Daraus erhellt, daß nur in sehr wenigen Fällen Verbindungen zu Rechtsextremismus und Satanismus hergestellt werden. In drei Viertel aller Artikel beschrieben die AutorInnen die Verbindungen zwischen der Szene und den beiden am häufigsten diskutierten Themen als nicht vollziehbar.

Zu den Zeichen des Todes / der Trauer: Der Vorwurf des Suizid, Mord, Friedhof betreffend – Ruhestörung / Grabschändung, Nekrophilie

Die Zeichen des Todes / der Trauer bestimmen den Stil der Szenemitglieder. Diesbezüglich ist es nun besonders interessant, wie mit den Zeichen und im besonderen wie mit den daraufhin zuschreibbaren Vorurteilen bezüglich des Verhaltens der Szenemitglieder umgegangen wird. Welche Rolle spielen die Zeichen der Erotik des Todes in den Zeitungen? Werden hier Verbindungen zu Nekrophilie hergestellt? In den untersuchten Zeitungen war Nekrophilie der einzige Bereich, bei dem Bezüge zur Szene nur auf der Zeichenebene gezeigt und sonst als nicht vorhanden beschrieben wurden. Hier fand also weder eine bloße Erwähnung noch eine Verbindungsherstellung statt. Dieser Fakt läßt sich damit begründen, daß Nekrophilie als Tat stark tabuisiert ist und nur selten an die Öffentlichkeit dringt und somit auch nicht mit der Gothic-Szene verbunden wird, da eine Verbindungsherstellung auch für den Verfasser zu auffällig und abwegig wäre.[41] Zeichen des Todes lassen weiterhin Vermutungen der Tötungspraxis aufkommen – entweder Tötung einer anderen oder Tötung der eigenen Person. Besonders eine erhöhte Suizidgefahr der Szenemitglieder läßt sich schnell durch die Zeichen der Todesfaszination, die speziell gehäuft in der von der Gothic-Szene rezipierten Musik auftreten, annehmen. In den Zeitungen erschienen ein Artikel, der einen Zusammenhang zwischen der Szene und Mord herstellte, vier Artikel, die eine Verbindung erwähnten und zwei Artikel, die eine Beziehung als nicht herstellbar beschrieben. Die Verbindung zu Mord wurde nur in solchen Artikeln hergestellt und erwähnt, in denen Thema ein Mord (Mord an einer Lehrerin in Meißen, Massaker in Littleton, Mord an einer Frau und Überfall auf zwei Obdachlose in Freiberg) war und der Täter ein Szenemitglied. Brisant, wie bereits oben erwähnt, da diese Artikel durch das Thema einen hohen Nachrichtenwert haben und von vielen Zeitungskäufern rezipiert werden. Eine Verbindung zwischen Suizid und der Szene wurde in keinem der Artikel geschaffen, aber zweimal erwähnt (Thema waren die Suizidversuche in Sachsen) und einmal negiert. Dieses Ergebnis überraschte angesichts der starken Bedeutung der Todes- und Trauerzeichen in der Szene. Auffällig ist hier nicht nur, daß keine Verbindungen zu Suizid hergestellt wurden, viel interessanter ist, daß das Thema so selten angesprochen wurde.

Wenden wir uns nun zu einem der stark zeichenhaften Aufenthaltsorte der Gothics – dem Friedhof – als Thema zu. Daß die Mitglieder der Gothic-Szene Friedhöfe aufsuchen nicht nur um ihrer verstorbenen Verwandten zu gedenken, ist bekannt. Dies wird auch in den un-

---

[41]Vgl.: Helmers (1989)

tersuchten Artikeln deutlich. Wie sie sich dort allerdings verhalten, scheint umstritten zu sein. Das Vorurteil zur Ruhestörung, genauer zur Durchführung von Feiern auf Friedhöfen wurde nur einmal thematisiert und in diesem Artikel ein solches Verhalten den Gothics auch unterstellt (Nr. 30). Die Autorin dieses Artikels schloß von dem Fund von Kerzen und leeren Weinflaschen auf einem Friedhof auf eine Feier von Gothics. Hier scheint die Präsupposition zu sein, daß Gothics auf Friedhöfen feiern.

In die Kategorie Grabschändung wurden vier Artikel eingeordnet. Zwei Artikel negierten eine Verbindung zwischen Grabschändung und der Szene, in einem wurde die Szene erwähnt und in einem stellte der Autor die Verbindung her. Die Aussage aus dem letztgenannten Artikel (Nr. 38): „Was Bauhaus vom mittelenglischen Nothampton aus der Welt schenkten, war allerdings vor allem das Gothic-Genre. Sie selbst distanzierten sich öffentlich zwar gern von den auftoupierten Grabschändern [...]" kann allerdings der Ironie des Autors verdächtigt werden, verfaßte er doch zwei Jahre früher einen Artikel über die Szene, in denen er das Vorurteil als falsch darlegte (Nr. 41). In Bezug zum Friedhof wurde hier nun deutlich, daß Grabschändung in den untersuchten Artikeln als Vorurteil bekannt ist, aber es weniger auch übernommen wird, Ruhestörung hingegen nur einmal Thema war, hier aber eine Verbindung hergestellt wurde.

Zu den Zeichen des Todes / der Trauer läßt sich zusammenfassend sagen, daß Suizid überraschend selten thematisiert wurde ohne eine Verbindung zur Szene ziehen, Mord hingegen häufig angesprochen und auch einmal in Bezug zur Szene gesetzt wurde. Die Häufigkeit der Thematisierung des Mordes ist mit dem relativ hohen Aufkommen von tatsächlichen Mordfällen durch angebliche Szenemitglieder erklärbar. In Bezug zum Friedhof wurde Grabschändung im Gegensatz zur Ruhestörung häufig thematisiert aber nur einmal auf der Basis einer Erwähnung mit der Szene in Verbindung gebracht.

4.4 Fazit

Zusammenfassend läßt sich sagen, daß die Szene in der *Welt*, der *Süddeutschen Zeitung* und in der *Frankfurter Allgemeine* nur selten eine Thematisierung erfuhr. Neun bis zwölf Artikel erschienen jeweils in den Zeitungen innerhalb von sechs Jahren mit Erwähnung der Szene. Die *taz* fiel hier mit einer Erwähnung von mehr als 100 Artikeln auf.

In insgesamt 13 von den 49 untersuchten Artikeln wurden keinerlei Verbindungen zu abweichendem Verhalten beziehungsweise zu Rechtsexstremismus erwähnt. Der Stellenwert der Thematisierung dieser Vorurteile ist mit 36 das Thema aufgreifenden Artikeln relativ hoch. Besonders bei der *Welt, SZ* und *F.A.Z.* kann diese Aussage gemacht werden, da alle Artikel in dem angegebenen Zeitraum untersucht wurden. Die meist diskutierten Bereiche in den Zeitungen waren Satanismus und Rechtsextremismus, wobei die Thematisierung des Rechtsextremismus zum Teil erklärbar wird mit dem Beginn der Thematisierung der Gothic-Szene in der ideologisch rechtsgerichteten Zeitung *Junge Freiheit*, einer Anzeige dieser Zeitung in einem Fanzine der Szene (*Zillo*) sowie der Aufdeckung rechter Ideologien in einigen (wenigen) Bands der Szene. Zur Thematisierung von Satanismus mit Gewalt in Bezug zur Szene gab der Mord eines Paares (Witten), das angeblich im Auftrag Satans diese Tat begangen haben soll und sich im Stil der Gothic-Szene kleidete, Anlaß. Satanismus war aber auch in Artikeln vor diesem Vorfall Thema. Die starke Thematisierung von Satanismus in Bezug zur Szene kann also deutlich auf die Selbstpräsentation, die Zeichen der Szene zurückgeführt werden. Bei Satanismus und Rechtsextremismus wurde in den Artikeln bis auf einige Ausnahmen eine Verbindung zur Szene negiert.

Warum aber sind Satanismus und Rechtsextremismus im Gegensatz zu den anderen Bereichen als Thema so interessant, daß sie in den angegebenen Zeitungen in großem Umfang wiederzufinden sind? Im Gegensatz zum Bereich Mord treten Satanismus und Rechtsextremismus auch in Artikeln auf, die die Gothic-Szene zum Hauptthema haben. Das Thema Mord wird nur in Artikeln angesprochen, in denen das Hauptthema die Tat und nicht die Szene ist. Mord, Gewalt, Ruhestörung / Grabschändung oder Nekrophilie sind Delikte. Satanismus ist ein Glaube, Rechtsextremismus eine Ideologie. Es handelt sich also gerade um die beiden Bereiche, die geistiger Natur sind. Der Satanismus erhält seine Bewertung der Abweichung zwar durch seine Ausführung des Glaubens, wichtiger ist jedoch als Dikussionsthema der Glaube. Sowohl Satanismus als auch Rechtsextremismus können nach dem gängigen Bild Ursache für Straftaten sein. So wird Rechtsextremismus unter anderem mit Gewaltakzeptanz und auch Gewaltbereitschaft verbunden.[42] Sie stellen als Gedankengerüst eine Gefährdung der bürgerlich-staatlichen Werte dar. Satanismus wird heute besonders der „[...] Verehrung und Verherrlichung des Bösen"[43] bezichtigt. Rechtsextremismus ist mit Ausländerfeindlichkeit verbunden. Satanismus und Rechtsextremismus sind als Einstellungen nicht strafbar. Sie können als solche vom Gesetz also nicht verurteilt werden, ihre praktischen Auswirkungen (zum Beispiel Tierquälerei bei Satanismus) demgegenüber schon. Das Problematische ist, daß diese Gedankengerüste weiterverbreitbar sind. So wird von STALLBERG Extremismus beispielsweise als

> gewolltes, persönlich anzulastendes, unverzeihliches Handeln; als gefährlich, schwer kontrollierbare, potentiell *verführbare* Personenkreise *leicht ansteckende* Abweichung;

---

[42] Aschwanden (1995), S. 21, sowie Handwörterbuch zur Gesellschaft Deutschlands (1998), S. 192 ff. Besonders Heitmeyer zog in seine Definition zu Rechtsextremismus Gewaltakzeptanz als einen von zwei Kernpunkten mit ein. Diese Hervorhebung der Gewaltakzeptanz wird von Jaschke allerdings kritisiert. Negiert wird eine gewisse Gewaltakzeptanz der Rechtsextremisten bei ihm aber auch nicht.

[43] Der Brockhaus (2000), S. 788.

weiter als irrationale, gewaltträchtige, desintegrierende, unklare Verhältnisse stiftende, die Gesamtgesellschaft beschämende (international bloßstellende) Art von Normbruch [beschrieben.] [...] Von den Überzeugungen, Haltungen und Forderungen des rechten Extremismus wird angenommen, daß sie antidemokratisch, verfasssungsfeindlich, nicht nur am Rande der Legalität, sondern tendenziell illegal, faschistisch, rassistisch, militant seien.[44]

JASCHKE bezeichnet Rechtsextremismus sogar als einen „quasi-religiös begründeten Fundamentalismus, an dem rationale Argumente zwangsläufig abprallen müssen."[45] Die Bezeichnung „quasi-religiös" tritt beim Rechtsextremismus wie auch beim Satanismus[46] auf. Interessant ist in diesem Zusammenhang der schon ausführlich besprochene Artikel (Nr. 12), indem der Mord eines Schülers an seiner Lehrerin in Meißen in Bezug zur Szene gesetzt wird. Folgende Sätze bekommen hier eine besondere Konnotation: „Einen einheitlichen Kult wie bei anderen Strömungen bei Jugendlichen gebe es aber nicht. Als Sekte könne man die Gruftis nicht bezeichnen, da jegliche Organisationsstruktur fehlt. Verlässliche Zahlen darüber, wie viele Anhänger die Bewegung habe, gebe es nicht."[47] Nachdem die Szene in Verbindung mit Mord gebracht wurde, folgt dieser Teil, der wie eine Beruhigung verstanden werden kann, daß es sich bei der Szene nicht um einen Kult oder um eine Sekte handelt. Die Angst vor einer einheitlichen Ideologie, einer quasi-religiösen Gemeinschaft ist hier also vorhanden. Es besteht die

---

[44]Stallberg (1996), S. 108 ff. (Hervorhebung von mir, U.M.) Inwieweit diese Definitionen und Bewertungen sich nur auf den politischen Rahmen beschränken und inwieweit darüber hinaus auch eine gesellschaftliche Ausgrenzung erfolgt, ist noch nicht verläßlich klärbar, da es hierfür empirischer Daten ermangelt.
[45]Jaschke (1994), S. 54.
[46]Vgl.: Der Brockhaus (2000), S. 788.
[47]„Protest in Schwarz. Was hinter der Grufti-Bewegung steckt", Süddeutsche Zeitung (10.11.99).

Angst vor der Verbreitung einer Ideologie, die Gewaltakte etc. legitimiert, die unsere Wertvorstellungen ablehnt und die quasi-religiös „ansteckend" ist. Gefährlicher würde dies noch durch eine organisierte Gruppierung. Die überdurchschnittlich starke Diskussion der beiden „Quasi-Religionen" in Bezug zur Gothic-Szene machen dies deutlich.

Eine weitere Auffälligkeit war die geringe Anzahl von Artikeln, die über Suizid in Bezug zur Szene berichteten, obwohl das Thema Tod und Trauer eine wichtige Rolle in der Selbstpräsentation der Szene spielt. Im Gegensatz dazu wurde aber der Bereich Mord häufig behandelt und auch in Verbindung zur Szene erwähnt. Erklärbar wird der letztgenannte Umstand durch das relativ hohe Aufkommen von drei Mordfällen durch angebliche Szenemitglieder.

In allen Zeitungen war ein größerer Bezug zu gesetzeswidrigen Verhaltensabweichungen als zu starken Abweichungen von Verhaltenserwartungen oder zu stark kritisierten Ideologien vorhanden. Insgesamt wurde aber öfter abweichendes Verhalten beziehungsweise Rechtsextremismus als nicht szenetypisch beschrieben als daß Verbindungen zur Szene hergestellt oder erwähnt wurden. Es besteht in den Zeitungen offenbar ein hoher Bedarf, sich mit diesen Vorurteilen auseinanderzusetzen. Eine Auseinandersetzung fand hier aber nur statt, wenn ein Bezug als nicht vollziehbar bewertet wurde. Wurden Verbindungen geschaffen oder Szene und Verhalten im Zusammenhang erwähnt, geschah dies nicht direkt. Die Deutbarkeit der Verbindungsherstellungen erfolgt häufig durch Satzkonstruktionen, die dieses Verständnis vorgeben (zum Beispiel durch Aufzählung mit Gesetzesbrechern). Diese Behauptungen und Erwähnungen wurden in den Artikeln nicht diskutiert sondern lediglich aufgeführt. Der Rezipient erhält dadurch nicht direkt die Aussage, daß alle Mitglieder der Gothic-Szene beispielsweise Mörder seien, an ihn wird durch diese Artikel, die immer wieder die Gothic-Szene mit Gesetzesbrechern in Bezug bringen, aber herangetragen, daß ein Hang zur Abweichung szenetypisch ist. Wie der Rezipient diese Informationen dann weiterverarbeitet, hängt von seinen Erfahrungen und Kenntnissen ab. Deutlich geworden ist, daß obwohl viele Verbindungen negiert wurden, diese Urteile auch in seriöseren Zeitungen wie der *SZ* oder der *F.A.Z.* immer noch vorhanden sind.

5 Schlußbetrachtung

Gehen wir wieder auf die Anfangsfragen zurück. **Existieren für die Vorwürfe**, die in den Massenmedien an die Gothic-Szene herangetragen werden, **Anhaltspunkte in der Szene?** Im ersten Kapitel, der Selbstpräsentation der Szene wurden die Zeichen, die die Szenemitglieder nach außen tragen, in ihrer tradierten und zum Teil in ihrer szenetypischen Bedeutung dargestellt. Eine auffällige Diskrepanz zwischen tradiertem und szenetypischem Verständnis gab es bei den Symbolen. Kennzeichnend für die Nutzung von Symbolen in der Gothic-Szene ist die Zusammenstellung von Symbolen unterschiedlichster religiöser und magischer Traditionen in Bricolage-Manier (Relgionsbricolage). Die Symbole erhalten durch diese Zusammenstellung eine neue Bedeutungsebene. So verstehen die Szenemitglieder magische, religiöse und satanistische Symboliken nicht als Zeichen der Übernahme dieser Religion beziehungsweise dieses Kultes sondern als Zeichen der Kirchenkritik, als „Erweiterung des Religionsverständnisses [...] [oder als] Säkularisierung der religiösen Symbole selbst, die 'verweltlicht' oder 'entheiligt' werden"[1]. Der Bereich Satanismus erschien in der Selbstpräsentation sonst nur noch als Thema in den Szenemedien. Hier konnte gezeigt werden, daß tatsächlich in der Szene ein großes Interesse daran besteht, sich mit Satanismus auf theoretischer Basis auseinanderzusetzen. Weitere Themenkomplexe, die auf der Zeichenebene präsentiert werden, sind: Vergangenheit, Vergängliches, Werdendes, Religion, Mystizismus, Grauen, Gewalt, Willenloses sowie Extreme

---

[1]Helsper (1992), S. 261.

Gefühle. Das Interesse für diese Thematik rührt aus dem Lebensgefühl der Gothics, das unter anderem durch deren Herkunft erklärbar ist.

Die drei Zitate am Anfang dieser Arbeit machen deutlich, daß Vorurteile gegenüber der Szene bezüglich abweichendem Verhalten wie praktizierter Satanismus, Drogenkonsum, Gewalt, Grabschändung existieren. Inwieweit Drogenkonsum als gängiges Vorurteil gegenüber der Szene gewertet werden kann, ist fraglich. In keinem der in dem Kapitel Fremdpräsentation untersuchten Artikel erschien dieses Vorurteil. Die anderen Urteile hingegen waren auch Bestandteil dieser Zeitungen und haben Anknüpfungspunkte, wie gezeigt wurde, in der Selbstpräsentation, in den Zeichen der Szene.

Welches weitere abweichende Verhalten wurde in Bezug zur Szene thematisiert? In den untersuchten Artikeln existierten zusätzlich (hergestellte oder als nicht herstellbar beschriebene) Verbindungen zu Suizid, Satanismus mit Gewalt, Mord, Ruhestörung auf dem Friedhof, Nekrophilie, Rechtsextremismus sowie sonstigem (gesetzeswidrigem und nicht gesetzeswidrigem) abweichenden Verhalten. Auch zu diesen Verbindungen existieren Anknüpfungspunkte in der Selbstpräsentation der Szene – zum Beispiel der Friedhof als beliebter Aufenthaltsort der Szene, Nekrophilie als Verbindung der Themen Tod und Erotik, Rechtsextremismus, der sich durch die Verwendung heidnischer Symboliken, die unter anderem im Dritten Reich mißbraucht wurden, vermuten läßt, Mord steht im Bezug Todesfaszination und Gewalt.

Haben diese Urteile Berechtigung? Die Beschäftigung mit Satanismus, Tod und Gewalt findet nur auf der ästhetischen und theoretischen Ebene statt. Praktiziert wird keiner der Bereiche. Auch Nekrophilie, Störung der Totenruhe in Form von Grabschändung oder Ruhestörung auf dem Friedhof sind nicht szenetypisch. Der Friedhof wird nicht als Kommunikations- oder Partyort sondern als Entspannungsstätte genutzt. Nekrophilie, Störung der Totenruhe und eigener Suizid sind in der Szene tabuisiert. Diese Tabuisierung greift besonders beim Bereich Grab- und Leichenschändung. Ein Gothic, der in dieser Weise handelt, muß mit Ausschluß aus der Szene im Sinne von Isolation rechnen. Desweiteren widerspricht der höchste Wert der Szene, die Gewaltlosigkeit, einem Großteil dieser Vorwürfe. Gleiche Wertvorstellungen und Einstellungen machen, wie wir wissen, die Gemeinschaft einer Szene aus, sie sind grundlegend für das Wir-Bewußtsein der Szene. Diese Wertvorstellungen werden durch bestimmte Kommunikationsformen und Verhaltensweisen nach außen getragen, prägen also die Selbstpräsentation. Auch spiegelt der Stil die zentralen Werte der Gothic-Szene wider, wie im Fazit des Erklärungsansatzes deutlich wurde. Im ersten Abschnitt der Arbeit konnte gezeigt werden, daß es sich bei den Zeichen der Szene um Themen der Romantik handelt. Mit diesem Hintergrundwissen lassen sich dann auch eigentlich widersprüchliche Zusammenhänge klären, wie die Präsentation von Gewaltzeichen und Gewaltlosigkeit als höchster Wert der Szene.

Kommen wir wieder auf die Vorurteile zurück. **Sind die Urteile bezüglich abweichenden Verhaltens immer noch Thema in den Massenmedien** und im speziellen auch in seriöseren Zeitungen? Im Abschnitt Fremdpräsentation wurde anhand der Analyse der Gothic-bezogenen Artikel der Jahrgänge 1996-2002 der überregionalen Tageszeitungen *Die Welt, Frankfurter Allgemeine, Süddeutsche Zeitung* sowie *Die Tageszeitung* deutlich, daß die Vorwürfe immer noch weiterverbreitet werden. In über zwei Dritteln der Artikel konnten Bezüge zu den oben genannten Vorwürfen beobachtet werden. Diese Bezüge gestalteten sich überdurchschnittlich oft in Form von als nicht herstellbar beschriebenen Verbindungen. Trotzdem ließen sich die Artikel, in denen abweichendes Verhalten in Bezug zur Szene Thema war, immerhin zu 42%, den Skalenpunkten „Verbindung hergestellt" und „Verbindung erwähnt" zuordnen, zu 58% dann dem Skalenpunkt „Verbindung als nicht herstellbar beschrieben". Besonders die Themen Rechtsextremismus und Satanismus fanden häufig Erwähnung. Eine

Verbindung zwischen diesen beiden Bereichen und der Szene wurde aber nur in wenigen Fällen hergestellt.

Insgesamt war bemerkenswert, daß die Vorurteile immer noch aktuell und gängig sind und sie in fast allen Fällen (Ausnahme Nekrophilie) auch mindestens einmal in den angegebenen Zeitungen als zutreffend dargestellt wurden. Für diese Tatsache lassen sich mehrere Gründe vermuten. Es kann Szeneunkenntnis in Bezug auf die Szenezugehörigkeit, Handlungen, Wertvorstellungen und Zeichenverständnis der Gothic-Szene unterstellt werden. Dies wäre aufgrund der hohen Fluktuation von Zeichen, der starken Ausdifferenzierung der Szenen in Zusammenhang mit der Entwicklung eigener Zeichenkomplexe dieser neu entstandenen Abspaltungen erklärbar. Eine bewußte Denunziation der Szene durch die hier aufgeführten Zeitungen läßt sich nicht vermuten, da hierfür die Szene zu selten mit abweichendem Verhalten verbunden wurde.

Welche Folgen kann diese Form von Darstellung nun haben?
Nehmen wir an, daß, unser Wissen über unsere Gesellschaft aus den Massenmedien stammt und weiter, daß Massenmedien uns Deutungen von Zeichen liefern, so kann behauptet werden, daß die Medien das Bild der Szene gestalten und die Gesellschaft hauptsächlich dieses Bild der Szene kennt. Ausnahmen sind Personen, die der Szene angehören oder Verwandte oder Bekannte in der Szene haben. Massenmedien konstruieren Realität, sie können die öffentliche Meinung bilden beziehungsweise beeinflussen. Insofern die entsprechenden Artikel rezipiert werden, ist die Existenz dieser Vorurteile in der öffentlichen Meinung vorhanden, das bedeutet, daß sowohl bekannt ist, daß es sich bei diesen Urteilen um nicht zutreffende Vorurteile handelt, was aber auch heißt, daß durch die Darstellung vieler Artikel ein Bild von einer zu Abweichungen neigenden Szene vorhanden ist. Da die bloße Kenntnis der tradierten Bedeutung der Zeichen der Szene (ohne Wissen über den Szenehintergrund und das szenetypische Verständnis der Zeichen)

auf abweichendes Verhalten der Szenemitglieder schließen läßt, kann man vermuten, daß sich mit der Rezeption entsprechender Artikel, ein negatives Bild gegenüber der Szene bei den Rezipienten herausbildet und je nach persönlichem Hintergrund diese auch in gegebenen Situationen enstprechend reagieren.

Als Reaktion der Gothic-Szene auf die starke Diskussion von abweichendem Verhalten wie Satanismus, Gewalt oder Mord konnte schon ein interessantes Phänomen entdeckt werden. Die Gothic-Szene hat ihre eigene Presse- und Öffentlichkeitsarbeit (www.gothic-culture-ev.de), die nicht nur die über die Szene verfaßten Artikel im Internet veröffentlicht sondern auch Leserbriefe mit Kommentaren zu diesen Artikeln an die Zeitungen schickt.

6 Literatur

- Ariès, Phillipe: *Western Attitudes toward Death: From the Middle Ages to the Present*, Marion Boyars Publishers, London 1974.

- Ariès, Phillipe: *Studien zur Geschichte des Todes im Abendland*, dtv, München 1981.

- Aschwanden, Dirk: *Jugendlicher Rechtsextremismus als gesamtdeutsches Problem*, Nomos, Baden-Baden 1995.

- Baacke, Dieter/ Ferchhoff, Wilfried: *Jugend und Kultur*. In: Krüger, Herins-Hermann (Hrsg.): *Handbuch der Jugendforschung*. Leske und Budrich, Opladen 1992, S. 403-445.

- Barthes, Roland: *Elemente der Semiologie*. Suhrkamp, Frankfurt / Main 1983.

- Barthes, Roland: *Das semiologische Abenteuer*. Suhrkamp, Frankfurt am Main 1988.

- Becker, Howard: *Aussenseiter. Zur Soziologie abweichenden Verhaltens*, Fischer, Frankfurt am Main 1981.

- Becker, Udo: *Lexikon der Symbole*. Herder, Freiburg im Breisgau 1992.

- Brand, Volker: *Jugendkulturen und jugendliches Protestpotential. Sozialgeschichtliche Untersuchung des Jugendprotestes von* der Jugendbewegung zu Beginn des Jahrhunderts bis zu den Jugendkulturen der gegenwärtigen Risikogesellschaft. Peter Lang, Frankfurt am Main 1993.

- Bußmann, Hadumod: *Lexikon der Sprachwissenschaft*, 2. neu überarbeitete Auflage, Kröner, Stuttgart 1990.

- Davenport-Hines, Richard: *Gothic. 400 years of excess, horror, evil and ruin*, Fourth Estate, London 1998.

- *Der Brockhaus in einem Band*, 9. aktualisierte Auflage, Brockhaus, Leipzig 2000.

- Ebel, Reimer W.: *Der Tod im Spannungsfeld von Medizin, Religion und Staat. In: Sterben und Tod. Sammelband der Vorträge des Studium Generale der Ruprecht-Karls-Universität Heidelberg*, C.Winter, Heidelberg Sommersemester 1997, S. 57-74.

- Elias, Norbert: *Über die Einsamkeit der Sterbenden in unseren Tagen*. Suhrkamp, Frankfurt am Main 1982.

- Wolfgang Pfeifer (Hrsg.): *Etymologisches Wörterbuch des Deutschen*. dtv, München 1995.

- Farin, Klaus / Weidenkaff, Ingo: *Jugendkulturen in Thüringen*. Verlag Thomas Tilsner, Berlin 1999.

- Farin, Klaus: *Die Gothics. Interviews. Fotografien*. Verlag Thomas Tilsner, Berlin 2001.

- Farin, Klaus: *Jugend(sub)kulturen heute*. In: Eva Neuland (Hrsg.): *Jugendsprache- Jugendliteratur- Jugendkultur. Interdisziplinäre Beiträge zu sprachkulturellen Ausdrucksformen Jugendlicher*. Peter Lang, Frankfurt am Main 2003.

- Ferchhoff, Wilfried: *Jugendkulturen in Deutschland am Ende des 20. Jahrhunderts.* In: Kabus, Wolfgang (Hrsg.): *Popularmusik, Jugendkultur und Kirche: Aufsätze zu einer interdisziplinären Debatte.* Lang, Frankfurt am Main 2000, S. 137-186.

- Ferchhoff, Wilfried; Neubauer, Georg: *Patchwork-Jugend. Eine Einführung in postmoderne Sichtweisen,* Leske und Budrich, Opladen 1997.

- Friedrichs, Jürgen: *Methoden empirischer Sozialforschung.* 14. Auflage, Westdeutscher Verlag, Opladen 1980.

- Grufties gegen Rechts Bremen / Music for a new Society: *Die Geister, die ich rief.* o.O. 2000.

- *Grundgesetz für die Bundesrepublik Deutschland.* 1992.

- Hebidge, Dick: *Subculture. Die Bedeutung von Stil.* Rowohlt, Reinbek bei Hamburg 1983.

- Helsper, Werner: *Okkultismus. Die neue Jugendreligion? Die Symbolik des Todes und des Bösen in der Jugendkultur.* Leske und Budrich, Opladen 1992.

- Helmers, Sabine: *Tabu und Faszination. Über die Ambivalenz der Einstellung zu Toten.* Reimer, Berlin / Hamburg 1989.

- Hitzler, Ronald / Bucher, Thomas / Niederbacher, Arne: *Leben in Szenen. Formen jugendlicher Vergemeinschaftung heute.* Leske und Budrich, Opladen 2001.

- Hitzler, Ronald / Pfadenhauer, Michaela: *Unsichtbare Moralen? Zum ethischen Orientierungspotenzial von Jugendszenen.* In: *Gute Gesellschaft? Verhandlungen des 30. Kongresses der*

Deutschen Gesellschaft für Soziologie in Köln 2000. Teil B: Leske und Budrich, Opladen 2001, S. 823-837.

- Horster, Detlef: *Niklas Luhmann*, Beck, München 1997.

- Jahn, Johannes / Haubenreißer, W.: *Wörterbuch der Kunst*. Kröner, Stuttgart 1995.

- Janke, Klaus / Niehues, Stefan: *Echt abgedreht. Die Jugend der 90er Jahre.* Beck, München 1996.

- Jaschke, Hans-Gerd: *Rechtsextremismus und Fremdenfeindlichkeit. Begriffe, Positionen, Praxisfelder.* Westdeutscher Verlag, Opladen 1994.

- Kammel, Frank Matthias: *Das Paradies im Schlussverkauf. Zwischen Trivialisierung und Orientierungssuche: Religiöse Motive in der gegenwärtigen Alltagskultur.* In: medien + erziehung, Jahrgang 44, 2000, S. 349-355.

- *Knaurs Lexikon von A bis Z. Das Wissen unserer Zeit auf dem neuesten Stand.* Hrsg.: Franz N. Mehling. Droemer Knaur, München 1995.

- Luhmann, Niklas: *Die Realität der Massenmedien.* 2. erw. Auflage, Westdeutscher Verlag, Opladen 1996.

- Lurker, Manfred: *Wörterbuch der Symbolik.* Kröner, Stuttgart 1991.

- Matzke, Peter / Seeliger, Tobias: *Gothic – Die Szene in Deutschland aus der Sicht ihrer Macher.* Schwarzkopf & Schwarzkopf, Berlin 2000.

- Möller, Heinz / Domnick, Walter: *Stilkunde und Frisurenkunde.* Handwerk und Technik, Hamburg 1977.

- Neumann-Braun, Klaus: *Medien-Medienkommunikation.* In: *Medien und Kommunikationssoziologie. Eine Einführung in zentrale Begriffe und Theorien.* Hrsg.: Klaus Neumann-Braun, Stefan Müller-Doohm. Juventa, Weinheim / München 2000.

- *Pfingstbote. Offizielles Programmbuch. 10. Wave-Gotik-Treffen.* Pfingsten 2001. Hrsg.: Treffen- und Festspielgesellschaft für Mitteldeutschland mbH. Chemnitz.

- *Philosophielexikon. Personen und Begriffe der abendländischen Philosophie von der Antike bis zur Gegenwart.* Hrsg.: Anton Hügli / Poul Lübcke: Rowohlt, Reinbek bei Hamburg 1997.

- Posner, Roland: *Kultursemiotik,* In: *Konzepte der Kulturwissenschaften. Theoretische Grundlagen – Ansätze – Perspektiven.* Hrsg.: Ansgar Nünning / Vera Nünning. Metzler, Stuttgart 2003.

- Praz, Mario: *Liebe, Tod und Teufel. Die schwarze Romantik.* dtv, München 1981.

- Richard, Birgit: *Todesbilder: Kunst, Subkultur, Medien.* Fink, München 1995.

- Richard, Birgit: *Schwarze Netze. Die Gruftie- und Gothic Punk-Szene.* In: *Kursbuch JugendKultur. Stile, Szenen und Identitäten vor der Jahrtausendwende.* Hrsg: SpoKK. Bollmann, Mannheim 1997, S. 129-140.

- Rudzio, Wolfgang: *Das politische System der Bundesrepublik Deutschland.* 4. neu überarbeitete Auflage. Leske und Budrich, Opladen 1996.

- Schmidt, Doris / Janalik, Heinz: *Grufties: Jugendkultur in Schwarz.* Schneider Verlag Hohengehren, Baltmannsweiler 2000.

- Schmidt, Doris / Janalik, Heinz: *Schwarze Mode der Grufties. Didaktische Bausteine.* Schneider Verlag Hohengehren, Baltmannsweiler 2001.

- Schmidt, Joachim: *Satanismus. Mythos und Wirklichkeit,* Diagonal-Verlag, Marburg 1992.

- Schulz, Gerhard: *Romantik. Geschichte und Begriff.* Beck, München 1996.

- Schulze, Gerhard: *Die Erlebnisgesellschaft. Kultursoziologie der Gegenwart.* 5. Auflage, Campus, Frankfurt am Main 1995.

- *Jugend 2000. 13. Shell Jugendstudie,* Hrsg.: Deutsche Shell, Leske und Budrich, Opladen 2000.

- Stallberg, Friedrich W.: *Stigma und Ächtung.* In: *Soziologische Dimensionen des Rechtsextremismus,* Hans-Günther Heiland / Christian Lüdemann (Hrsg.). Westdeutscher Verlag, Opladen 1996.

- Steele, Valerie: *Fetisch. Mode, Sex und Macht.* Berlin Verlag, Berlin 1996.

- Stock, Manfred / Mühlberg, Phillip: *Die Szene von Innen. Skinheads, Grufties, Heavy Metals, Punks.* LinksDruck, Berlin 1990.

- *Strafgesetzbuch und Nebengesetze.* Band 10. 51. Neu bearbeitete Auflage, C.H.Beck, München 2003.

- Tully, Claus J. / Wahler, Peter: *Wie ist die Jugend? – Flexibel? Optimistisch? Ein jugendsoziologischer Kommentar.* In: medien + erziehung, 44. Jahrgang 2000, S. 236-241.

- Turner, Bryan S.: *Medical Power and Social Knowledge.* Sage Publications, London 1987.

- Vogelsang, Waldemar: *Meine Zukunft bin ich! Alltag und Lebensplanung Jugendlicher*, Campus Verlag, Frankfurt / New York 2001.

- Vogelsang, Waldemar: *Jugendmedien und Jugendszenen (1)*. In: Hans-Bredow-Institut für Rundfunk und Fernsehen (Hrsg.): *Rundfunk und Fernsehen. Zeitschrift für Medien- und Kommunikationswissenschaft*. Nomos, 44.Jg. , Baden-Baden 1996, S. 346-364.

- Vollbrecht, Ralf: *Von Subkulturen zu Lebensstilen. Jugendkulturen im Wandel*, In: *Kursbuch Jugendkultur. Stile, Szenen und Identitäten vor der Jahrtausendwende*. Hrsg.: SpoKK. Bollmann, Mannheim 1997, S. 22-39.

- Walraff, Kirsten: *Weiss wie Schnee, Rot wie Blut und Schwarz wie Ebenholz*. In: Farin, Klaus: *Die Gothics. Interviews. Fotografien*. Verlag Thomas Tilsner, Berlin 2001.

- *Wörterbuch der Soziologie*, Hrsg: Karl-Heinz Hillmann. Kröner, Stuttgart 1994.

- Zimmermann, Oliver: *Ideologie einer Jugendkultur am Beispiel der Gothic- und Darkwave-Szene*, 2000 (Diplomarbeit).

- Zwimpfer, Moritz: *Farbe: Licht, Sehen, Empfinden; eine elementare Farbenlehre in Bildern*. Haupt, Bern / Stuttgart 1985.

- Orkus (11/02), (12-01/03).

- Zillo (05/97), (05/00), (07-08/00), (05/01), (06/01), (07-08/01), (04/02)

- *Im Dunstkreis der Hölle*, ZDF 16.07.02

6 Literatur

- www.93current.de

- www.daemonen.de

- www.nagaroon.de

- www.oceantears.de

- www.gotiks.de

- www.darkphoto.de

- www.traenenfluss.de

- www.gothic-links.de

- www.geister-bremen.de

- www.community-of-darkness.com

- www.the-little-black-angel.de

- www.keltenwelt.de

- www.darkness-inside.ch/portal/index.php
  ?module=My_eGallery&do=showgall&dig=49&p=

- www.darkphotos.de

- www.nachtwelten.de

- www.gothic-culture-ev.de

- www-user.uni-bremen.de/~elsahb/gesetze/FriedhofsO.html

Anhang

Fig. 1

	Definition/ Kodierregel	Ankerbeispiel
starke Abweichung von Verhaltenserwartungen (nicht gesetzeswidrig)		
Praktizierter Satanismus		
1.1. 2	In dieser Kategorie geht es um Satanismus allgemein. Wenn im Artikel deutlich wird, daß Gothics sich der Glaubensform Satanismus zugehörig fühlen und ihn praktizieren, greift der Skalenpunkt "Verbindung hergestellt". Wenn Satanismus und Gothics mit Gewalt in Verbindung gebracht werden, dann handelt es sich hierbei schon um gegen das Gesetz abweichendes Verhalten und wird in der u.g. Kategorie eingetragen. Skalenpunkt "Verbindung hergestellt" greift bei impliziter Zuordnung (Gothics beschrieben, aber als Satanisten bezeichnet) oder expliziter Zuordnung ("Gothics sind Satanisten.") Die hier angeführte Textstelle beinhaltet eine implizite Zuordnung. Wird ein Zitat im Artikel unkommentiert verwendet, muß von der Übernahme der Meinung durch den Autor des Artikels ausgegangen werden. Der Artikel wird dann dem Zitat entsprechenden Skalenpunkt zugeordnet.	"Eine blutjunge Frau ganz in Schwarz (...) 'Gothic Power' steht auf ihrer Umhängetasche. (...) 'Das ist garantiert eine von denen' (...) 'die Satanisten feiern hier schwarze Messen (...)' (...) können (...) auch jugendliche Sektierer die Laune nicht verderben." (Frankfurter Allgemeine, 09.06.97, "Niemand muß sich mehr des Kleinods schämen")
1.1. 1		
1.1. -2		
Sonstiges		
1.2. 2	Unter dieser Kategorie werden alle Artikel eingeordnet, die abweichendes Verhalten thematisieren, das nicht gegen das Gesetz verstößt und die nicht unter "Praktizierter Satanismus" fallen.	"Es ist (...) eine Art Protest gegen das Leben." (zit. n. Süddeutsche Zeitung, 10.11.99, "Im Klassenzimmer niedergestochen")
1.2. 1		
1.2. -2		
Suizid		
1.3. 2		
1.3. 1		
1.3. -2		

abweichendes gesetzeswidriges Verhalten		
Satanismus mit Gewalt		
2.1. 2		
2.1. 1		
2.1. -2		
Mord		
2.2. 2		
2.2. 1	Wenn eine Verbindung nicht ausdrücklich genannt wird, die Szene aber in diesem Zusammenhang erwähnt wird, wird sie unter "Verbindung erwähnt" eingeordnet.	Sie sollen vielmehr Anhänger der Gothic-Szene sein (...) (Frankfurter Allgemeine, 09.10.00 "Bluttaten in Freiberg aufgeklärt", Artikel über Mord)
2.2. -2		
Nekrophilie		
2.3. 2		
2.3. 1		
2.3. -2		
Friedhof betreffend		
Ruhestörung		
2.4.1. 2	Zur Ruhestörung auf dem Friedhof werden auch Feiern gezählt. Bei diesem Beispiel wird deutlich, daß die Autorin davon ausgeht, daß wenn Feiern auf einem Friedhof durchgeführt werden, dann nur von Gothics. Solche Präsuppositionen werden auch dem Skalenpunkt "Verbindung hergestellt" zugeordnet.	"Vor fünf Jahren hätten auf dem Friedhof wohl ein paar Grufties gefeiert, zumindest habe man leere Weinflaschen und Kerzen gefunden." (Frankfurter Allgemeine, 04.11.02, "Erhoben aus dem Nichts")
2.4.1. 1		
2.4.1. -2		
Grabschändung		
2.4.2. 2		
2.4.2. 1		
2.4.2. -2		
Sonstige Gewalt		
2.5. 2		
2.5. 1		
2.5. -2	Diese Kategorie bezieht sich auf die Gewalt, die nicht zu den anderen Kategorien gezählt werden kann. Erfolgt die Zuordnung zum Skalenpunkt "Verbindung nicht hergestellt" muß eine Distanzierung zu der jeweiligen Verhaltensabweichung deutlich werden. Artikel, die unter dem Skalenpunkt "Verbindung nicht herstellbar" fallen, dürfen nicht unter die Kategorie "Verbindung erwähnt" eingeordnet werden.	"Von den 'Darkies' zu waffenstrotzenden Gebärden Zu Blut-Fetischismus und Nazi-Phantasien ist aber ein weiter Weg. Die Szene ist überwiegend von sanften Menschen bevölkert (...)" (Die Welt, 26.05.99, "Nicht jeder, der schwarz trägt, ist ein Gruftie", Artikel zum Amoklauf in Littleton und zur Gothic-Szene)

Sonstiges		
2.6. 2		
2.6. 1		
2.6. -2	Wenn ein abweichendes gesetzeswidriges Verhalten, das nicht unter die anderen Kategorien des abweichenden gesetzeswidrigen Verhaltens eingeordnet werden kann, Thema bzw. nicht Thema ist, erscheint der Artikel unter dieser Kategorie. Wird nur von Harmlosigkeit gesprochen, wird der Artikel in diese Kategorie eingeordnet.	"Grufties geben sich harmlos." (Süddeutsche Zeitung, 21.05.02, "Turnfest meets Gothic")
Stark kritisierte Ideologien		
Rechtsextre- mismus		
3.1. 2	Thema dieser Kategorie ist das Vorurteil einer sich dem Rechtsextremismus zuwendenden Szene. Wird die Szene mit ihrem kleinen rechten Rand und der Gegenbewegung *Grufties gegen rechts* dargestellt, ist der Artikel aufgrund seiner korrekten Darstellung nicht Thema dieser Kategorie. Ist von einer Rechtswendung im Sinne von einer Politisierung der Szene in Rechtung Rechtsextremismus die Rede, wird der Artikel unter den Skalenpunkt "Verbindung hergestellt" eingeordnet. Im Artikel muß deutlich werden, daß es sich um Rechtsextremismus handelt und nicht nur um eine konservativer werdende Szene. Bezugspunkte können hier Begriffe wie Nationalsozialismus, Hitlerverehrung etc. sein.	"(...) Rechtsdrall der Grufties" (taz, 26.05.99, "Ein kleines Weltkriegssample", Der Artikel handelt von der Unterwanderung der Szene durch Rechtsextreme.)
3.1. 1	Der Skalenpunkt "Verbindung erwähnt" greift, wenn das rechte Problem erwähnt wird, aber nicht deutlich wird, wie groß der Bereich in der Szene ist und die Gegenbewegung nicht thematisiert wird.	"so alarmiert zeigen sich die Verfasser jedoch von der 'Unterwanderung' der Dark-Wave-Szene durch rechtsextreme Ideologien. (...) Hierfür scheint Dark-Wave aufgrund der Affinität zu Archaik und Mystik besonders geeignet." (Frankfurter Allgemeine, 28.09.02, "Neues aus dem Reich des Gothic. Wie gefährlich ist es im Dunkeln?"
3.1. -2	Der Skalenpunkt "Verbindung nicht hergestellt" greift, wenn gezeigt wird, daß bei der Gothic-Szene nicht von einer Rechtswendung im o.g. Sinn gesprochen werden kann.	"Während Dark-Waver linke KritikerInnen oft als zu dogmatisch abstempeln, stellen viele AntifaschistInnen alle Gothic-Fans in die rechte Ecke. Gegen dieses Pauschalurteil (...)" (taz, 07.08.98, "Dark Wave als Anti-Nazi-Sound: 'Gruftis gegen rechts' im Köpi")
Nicht erwähnt		

4. -1	Hier werden alle Artikel eingeordnet, in denen keinerlei Verbindungen zu abweichendem gesetzeswidrigen Verhalten oder zu starken Abweichungen von Verhaltenserwartungen erwähnt werden. Diese Artikel werden ohne Textstelle angegeben.		

Fig. 2

				Welt	SZ	FAZ	taz	Gesamt
Starke Abw. von Verhaltenserwartungen	Praktizierter Satanismus	Verbindung hergestellt	1.1.2	0	0	1	1	2
		Verbindung erwähnt	1.1.1	0	0	0	0	0
		Verbindung nicht hergestellt	1.1.-2	1	2	0	3	6
	Sonstiges	Verbindung hergestellt	1.2.2	0	2	0	0	2
		Verbindung erwähnt	1.2.1	0	0	1	0	1
		Verbindung nicht hergestellt	1.2.-2	1	0	1	0	2
	Suizid	Verbindung hergestellt	1.3.2	0	0	0	0	0
		Verbindung erwähnt	1.3.1	0	0	1	1	2
		Verbindung nicht hergestellt	1.3.-2	1	0	0	0	1
Abw. gesetzeswidriges Verhalten	Satanismus mit Gewalt	Verbindung hergestellt	2.1.2	0	0	0	0	0
		Verbindung erwähnt	2.1.1	0	0	0	0	0
		Verbindung nicht hergestellt	2.1.-2	0	1	2	1	4
	Mord	Verbindung hergestellt	2.2.2	0	1	0	0	1
		Verbindung erwähnt	2.2.1	0	2	1	1	4
		Verbindung nicht hergestellt	2.2.-2	0	0	0	2	2
	Nekrophilie	Verbindung hergestellt	2.3.2	0	0	0	0	0
		Verbindung erwähnt	2.3.1	0	0	0	0	0
		Verbindung nicht hergestellt	2.3.-2	2	0	1	0	3
	Friedhof betreffend - Ruhestörung	Verbindung hergestellt	2.4.1.2	0	0	1	0	1
		Verbindung erwähnt	2.4.1.1	0	0	0	0	0
		Verbindung nicht hergestellt	2.4.1.-2	0	0	0	0	0
	Friedhof betreffend - Grabschändung	Verbindung hergestellt	2.4.2.2	0	0	0	1	1
		Verbindung erwähnt	2.4.2.1	0	1	0	0	1
		Verbindung nicht hergestellt	2.4.2.-2	0	0	0	2	2
	Sonstige Gewalt	Verbindung hergestellt	2.5.2	1	1	0	0	2
		Verbindung erwähnt	2.5.1	0	0	0	0	0

		Verbindung nicht hergestellt	2.5. -2	0	2	0	0	2
								4
	Sonstiges	Verbindung hergestellt	2.6. 2	0	2	0	0	2
		Verbindung erwähnt	2.6. 1	0	0	0	0	0
		Verbindung nicht hergestellt	2.6. -2	0	1	0	0	1
Stark kritisierte Ideologie	Rechtsextremismus	Verbindung hergestellt	3.1. 2	0	0	0	1	1
		Verbindung erwähnt	3.1. 1	0	0	1	0	1
		Verbindung nicht hergestellt	3.1. -2	2	1	2	1	6
		Nicht erwähnt	4. -1	2	3	3	5	13

Fig. 3

		Welt	SZ	F.A.Z.	taz	Gesamt
Verbindung hergestellt	Starke Abw. von Verhaltenserw.	0	2	1	1	4
	Abw. gesetzeswidriges Verhalten	1	4	1	1	7
	Rechtsextremismus	0	0	0	1	1
						12
Verbindung erwähnt	Starke Abw. von Verhaltenserw.	0	0	2	1	3
	Abw. gesetzeswidriges Verhalten	0	3	1	1	5
	Rechtsextremismus	0	0	1	0	1
						9
Verbindung nicht hergestellt	Starke Abw. von Verhaltenserw.	3	2	1	3	9
	Abw. gesetzeswidriges Verhalten	3	2	4	5	14
	Rechtsextremismus	2	1	2	1	6
						29
Nicht erwähnt		2	3	3	5	13

Fig. 4

Kategorie/ Skalenpunkt	Zeitung/Datum	Textstelle	Erklärungen	Bewertung des Artikels
Artikel Nr. 1 1.1. -2/ 3.1. -2	Die Welt/18.04.00 "Wenn die Angestellten Trauer tragen"	"Den Gothics eilt ein übler Ruf voraus. Ihr Hang zu heidnischen Symbolen, zu Düsternis und Pathos, hat sie in Verdacht gebracht, im Stillen Satan oder Hitler zu verehren. Ihr schrilles Zeichenspiel gibt der Umgebung Rätsel auf. Es geht doch nur ums Übliche. Das Leben, wie es ist, ist anders als im Kindertraum."	Hier wird gezeigt, daß es sich bei der Verehrung Satans und Hitlers nur um ein Vorurteil handelt. Die Szene wird diesbezüglich als harmlos und normal dargestellt.	Die Verbindung zu Satanismus und Rechtsradikalismus wird als nicht herstellbar in Bezug zu Szene dargestellt.
Artikel Nr. 2 2.5. -2/ 1.2. -2/ 3.1. -2	Die Welt/ 26.05.99 "Nicht jeder, der Schwarz trägt, ist ein Gruftie"	"Von den 'Darkies' zu waffenstrotzenden Gebärden, zu Blut-Fetischismus und Nazi-Phantasien ist aber ein weiter Weg. Die Szene ist überwiegend von sanften Menschen bevölkert. (...) Auch die Schweizerin Muia gerät angesichts von Rammstein-Gitarrendonner (...) in keinen Rausch der Gewalt."		Eine Verbindung zu Gewalt (sanfte Menschen), sonstigem abweichenden Verhalten ("Blut-Fetischismus") und Rechtsradikalismus wird als nicht herstellbar geschildert.
Artikel Nr. 3 2.3. -2/ 1.3. -2	Die Welt/ 02.02.02 "Deine Lakaien und die Gen-Debatte"	"(...) weiß, dass dieses Volk durchaus auf seine Art zu feiern weiß und freundlich mit den nekrophilen Zeichen spielt. Deine Lakaien (...) Ein wenig Todessehnsucht für den Feierabend."	Der Bezug zur Nekrophilie wird hier nur als auf der Zeichenebene herstellbar beschrieben. Todessehnsucht wird in die Kategorie "Suizid" eingeordnet.	Eine Verbindung zu Nekrophilie und Suizid wird als nicht herstellbar gezeigt.
Artikel Nr. 4 2.3. -2	Die Welt/28.06.99 "Das Böse, das die Sperrstunde achtet"	"(...) die Grufties, in ihrer harmlos zeichenhaften Nekrophilie."	Dieser Artikel handelt von dem Musiker Marilyn Manson. Es wird gezeigt, daß die Nekrophilie nur auf der Zeichenebene präsentiert wird.	Eine Verbindung zu Nekrophilie wird als nicht herstellbar geschildert.
Artikel Nr. 5 4. -1	Die Welt/ 14.03.01 "Die Schwarzen kommen wieder"		Der Artikel handelt von der Farbe Schwarz mit einem kurzen Bezug zur Gothic-Szene.	Es werden keinerlei Verbindungen zu abweichendem Verhalten oder Rechtsradikalismus erwähnt.

Artikel Nr. 6 2.2. 1	Die Welt/ 10.11.99 "15-Jähriger tötet Lehrerin vor seinen Mitschülern"	"Das sei wohl mehr aus dem Inneren gekommen. Ein richtig brutaler Mensch sei der junge Mann eigentlich nicht. Seine Mitschüler ordnen ihn der Grufti-Szene zu. Manchmal sei er mit Freunden abends auf den Friedhof gegangen."	Der Artikel handelt von dem Mord eines 15-jährigen an seiner Lehrerin. In diesem Artikel wird in wenigen Sätzen versucht zu klären, warum der Schüler diese Tat begangen hat. Mit der Bemerkung, daß die Tat aus dem Inneren gekommen ist und der Junge der Gothic-Szene angehört, wird eine Verbindung von dem Lebensgefühl der Szene zum Mord geschlagen. Weil hier die Szene erwähnt wird, eine Verbindung aber noch nicht ausdrücklich geschildert wird, greift der Skalenpunkt "Verbindung erwähnt" in der Kategorie "Mord".	Eine Verbindung zu Mord wird erwähnt.
Artikel Nr. 7 4. -1	Die Welt/ 04.01.00 "Ab in die Gruft"		Der Artikel handelt von einem Festival der Szene.	Es werden keinerlei Verbindungen zu abweichendem Verhalten oder Rechtsradikalismus erwähnt.
Artikel Nr. 8 4. -1	Die Welt/ 08.03.00 "Eine Welt mit schlafenden Engeln"		Der Artikel handelt von Friedhöfen. Es wird eine kurzer Bezug zur Szene hergestellt ohne Ruhestörung oder Grabschändung zu thematisieren.	Es werden keinerlei Verbindungen zu abweichendem Verhalten oder Rechtsradikalismus erwähnt.
Artikel Nr. 9 2.5. 2	Die Welt/ 27.06.98 "Wenn zwischen links und rechts die Brücke fehlt"	"(...) die Nische als Forum von Aggression und Gewalt. Etwa 200 Jugendkultnischen werden zur Zeit für ganz Deutschland beschrieben. (...) Da gibt es Hooligans, Skinheads, Neonazis, die Friehofskultur betreibenden Grufties, da gibt es okkultistische und Satanskultgruppen (...)."	In diesem Artikel geht es um die Ursachenforschung von Gewalt bei Jugendlichen. Die Gothic-Szene wird hier in eine Aufzählung gereiht, die nur aus stark von Verhaltenserwartungen und vom Gesetz abweichenden Szenen besteht. Der Zusammenhang, wie im Zitat deutlich ist die Szene als Nische für Aggression und Gewalt.	Die Verbindung zu Gewalt wird in diesem Artikel zur Gothic-Szene hergestellt.

Artikel Nr. 10 4. -1	Die Welt/ 13.11.01 "Trauer zum Mitklatschen"		Der Artikel handelt vom Konzert der Gothic-Band *Lacrimosa*.	Es werden keinerlei Verbindungen zu abweichendem Verhalten oder Rechtsradikalismus erwähnt.
Artikel Nr.11 2.2. 1/ 1.2. 2	SZ/ 10.11.99 "Im Klassenzimmer niedergestochen"	"Das sei wohl mehr aus dem Inneren gekommen. (...) Seine Mitschüler ordnen ihn der Grufti-Szene zu. Manchmal sei er mit Freunden abends auf den Friedhof gegangen. (...) Einige schlafen zu Haus in Särgen statt im herkömmlichen Bett. 'Es ist (...) eine Art Protest gegen das Leben.'"	Die erste zitierte Stelle ist wortgleich zum aufgeführten Auszug aus dem Artikel der Welt (Nr. 6). Auch hier greift der Skalenpunkt Verbindung erwähnt unter Kategorie "Mord". Die letzten beiden Sätze zeigen eine Darstellung einer starken Abweichung von Verhaltenserwartungen - Sonstiges. Die Aussage, es handele sich hierbei um "eine Art Protest gegen das Leben", bezieht sich auf die ganze Szene. Die Bemerkung "Einige schlafen zu Haus in Särgen (...)" bezieht sich zwar nicht auf die gesamte Szene, weil aber keine weiteren Informationen zur Szene gegeben werden, z.B. daß dies eher unnormal sei und es sich hierbei um Zeichen handelt und nicht um eine tatsächliche komplette Hinwendung zum Tod, gilt auch dieser Satz als Beispiel für die Kategorie/Skala 1.2. 2.	Es werden Verbindungen zu starken Abweichungen von Verhaltenserwartungen (Sonstige) hergestellt sowie zu Mord und Szene erwähnt.

| Artikel Nr. 12 2.2. 2/ 1.2. 2 | SZ/ 10.11.99 "Protest Art Protest gegen das Leben" in Schwarz" | "Der mutmaßliche Täter von Meißen gilt als Anhänger der Gruftis. Die Jugendlichen pflegen eine Art persönlichen Todeskult. Einige schlafen zu Haus in Särgen (...). 'Es ist (...) eine Art Protest gegen das Leben.' Die Anhänger seien sehr negativ orientiert." | Gleiche Textstelle wie in SZ (Nr.11) mit Hinzufügung: "Die Jugendlichen pflegen eine Art persönlichen Totenkult." und "Die Anhänger seien sehr negativ orientiert." In diesem kurzen Artikel wird nur anfangs der Mord knapp geschildert, nahtlos erfolgt danach die Erklärung zur Szene. Die beiden hinzugefügten Bemerkungen beziehen sich auf die gesamte Szene. Die Lebenseinstellung der Szene wird im Kontext dieses Artikels als Erklärung für den Mord verstanden. Neben der Bemerkung, es handele sich bei der Szene um keinen organisierten Kult /Sekte werden keine weiteren relativierenden Informationen zur Szene gegeben. Aus diesem Grunde wird hier eine Verbindung zwischen Mord und Szene hergestellt. Das bereits erläuterte Zitat ("Protest gegen das Leben") zeigt wiederum eine Herstellung der Verbindung zu einer starken Abweichung von Verhaltenserwartungen. | Es wird eine Verbindung zwischen der Szene und Mord sowie zwischen der Szene und sonstigen starken Abweichungen von Verhaltenserwartungen hergestellt. |

Artikel	Zitat	Beschreibung	Bewertung
Artikel Nr. 13 2.2.1 SZ/ 22.04.99 "Der kalt geplante Wahnsinn"	"Schwarze Trenchcoats gehören zur Kultur der *Goths*, die man in Deutschland wohl den 'Grufties' zurechnen würde, außerdem die Faszination für Tod und Untergang, hartem Techno, Heavy-Metal-Musik, Kerker, satanischer Literatur oder teuflischen Bildern. Im Fall von Harris und Klebold spielt das politische Motiv eine größere Rolle."	Dieser Artikel handelt vom Massaker in Littleton. Die aufgeführte Textstelle befindet sich im Erklärungsteil zum persönlichen Hintergrund der Tat. Die Tat und die Szene werden in einem Artikel aufgeführt. Auch wenn hier geschildert wird, daß "das politische Motiv eine größere Rolle" spiele, wird gezeigt, daß der Szenehintergrund trotzdem von Bedeutung ist. Es wird aber nicht ausdrücklich dargestellt, desweiteren wird nur aufgeführt, daß eine Faszination in der Szene für Tod etc. vorhanden ist, nicht aber eine Praxis. Deshalb soll hier nur der Skalenpunkt "Verbindung erwähnt" greifen.	Es wird eine Verbindung zwischen Mord und Szene erwähnt.
Artikel Nr. 14 1.1.-2 SZ/ 28.08.01 "Aktuelles Lexikon. Satanismus"	"(...) oder der eher harmlosen Modebewegung Gothic, die den schwarzen Kleidungsstil der Teufelsanbeter imitiert."		Hier wird daraufhingewiesen, daß eine Verbindung zwischen der Szene und Satanismus nicht hergestellt werden kann.
Artikel Nr. 15 4.-1 SZ/ 13.06.00 "Wave-Gotik-Treffen endet im Chaos"		Der Artikel handelt vom Konkurs des Wave-Gotik-Treffens. Es werden keine Beurteilungen zur Szene abgegeben.	Es werden keinerlei Verbindungen zu abweichendem Verhalten oder Rechtsradikalismus erwähnt.
Artikel Nr. 16 4.-1 SZ/ 13.06.00 "Grufties in roten Zahlen"		Der Artikel ist eine Kurzfassung des vorhergenannten Artikels. Es werden keine Beurteilung zur Szene abgegeben.	Es werden keinerlei Verbindungen zu abweichendem Verhalten oder Rechtsradikalismus erwähnt.

Artikel Nr. 17 4. -1	SZ/ 08.03.01 "Kinder der Finsternis"		Der Artikel handelt von der Frage, ob die Gothic-Szene noch existiert. Es werden keine weiteren Beurteilungen zur Szene abgegeben.	Es werden keinerlei Verbindungen zu abweichendem Verhalten oder Rechtsradikalismus erwähnt.
Artikel Nr. 18 2.1. -2	SZ/ 10.03.01 "Nicht für die Schuhe lernen wir"	"Grufties (...) Leute, die ihre Freizeit übrigens mehrheitlich nicht bei satanischen Ritualmorden verbringen, sondern mit dem Verfassen schwermütiger Baudelair-Imitate."	Der Artikel handelt u.a. von den verschiedenen Nutzern von Dr.Martens Stiefeln.	Eine Verbindung zwischen Satanismus mit Gewalt und der Gothic-Szene wird als nicht herstellbar bezeichnet.
Artikel Nr. 19 2.6. -2	SZ/ 21.05.02 "Turmfest meets Gothic"	"Grufties geben sich harmlos. Abschreckend sind nur das mehr als martialische Auftreten, die düstere Musik und der Totenkult."	Der Artikel handelt von der Zusammenkunft des Turmfestes und des Wave-Gotik-Treffens in Leipzig. Die Begegnung ist friedlich verlaufen.	Es wird gezeigt, daß es nicht typisch für die Gothic-Szene ist, sich gesetzeswidrig zu verhalten.
Artikel Nr. 20 2.6. 2	SZ/ 11.01.97 "Die älteste Ruine Deutschlands"	"Aber es 'treiben sich dort nachts obskure Gestalten herum', heißt es. Keine Hexen. Teufel, Gnome, aber Junkies, Grufties und Verbrecher."	Hier werden Gothics als "obskure Gestalten" bezeichnet. Obskur erhält hier durch die Verbindung mit Junkies und Verbrechern eine kriminelle Konnotation. In dieser Aufzählung werden auch Mitglieder der Gothic-Szene genannt.	*Es wird eine Verbindung zu sonstigen gesetzeswidrigen Handlungen erwähnt.*

| Artikel Nr. 21
1.1.-2/ 2.5. 2/
2.4.2. 1 | SZ/ 20.02.02 "Gruftis schänden Friedhof" | "Die Täter stammten aus der sogenannten Satanisten-Szene. Auch Patrick K. und Frank W. stehen dieser Szene vermutlich nahe, auch wenn sie selbst sich gestern vor dem Jugendgericht als "Gruftis" bezeichneten. (...) "Gruftis geht es mehr um Randale', ergänzte ihr damaliger Freund Patrick K." | Im ersten Teil der aufgeführten Textstelle wird der Gegensatz zwischen Satanismus- und Gothicszene deutlich gemacht. Im letzten Teil wird ein Zitat aufgeführt, das besagt, daß es üblich in der Szene sei, Gewalt anzuwenden. Dieses Zitat wird im Artikel nicht weiter kommentiert. Im Titel des Artikels wird eine Verbindung zwischen Grabschändung und Szene erwähnt. Diese Verbindung wird nicht durch eine richtigstellende Erklärung zur Gothic-Szene und ihrem Bezug zu Gewalt und Friedhöfen aufgehoben. | Es wird gezeigt, daß eine Verbindung zwischen Satanismus und Gothicszene nicht hergestellt werden kann. Eine Verbindung zu Sonstiger Gewalt wird hergestellt, aber auch eine Verbindung zwischen Szene und Grabschändung erwähnt. |

Artikel Nr. 22 2.6. 2/ 3.1. -2	SZ/ 07.06.97 "Auf der Suche nach Feindberührung"	"Marko A., der Haupttäter, hat mit den Rechten nichts am Hut, er sagt, er sei ein "Grufti" (...) Die anderen drei sind unbeschriebene Blätter, wenn man von einigen Bagatelldiebstählen absieht."	Der Artikel handelt von einem Überfall von Soldaten auf Türken. Hier wird im ersten Teil deutlich gemacht, daß es einen Gegensatz zwischen Rechtsradikalen und der Gothic-Szene gibt. Der Bezug im zweiten Teil zwischen der Szene und Kriminalität wird durch den anschließenden, auf die Gothic-Szene bezug nehmenden Satz gemacht: "Die anderen drei sind unbeschriebene Blätter, wenn man von einigen Bagatelldiebstählen absieht." Die Bezeichnung "unbeschriebene Blätter" nimmt hier bezug zu Bagatelldiebstählen, als zu kriminellen Handlungen. Der Satz sagt also zwei Dinge: Die Zugehörigkeit zur Gothic-Szene sei ein Grund, ein beschriebenes Blatt im Sinne von kriminellem Verhalten und Bagatelldiebstähle seien weniger kriminell als die Zugehörigkeit zur Szene. Für diese Bemerkung greift die Kategorie "Sonstiges", im Sinne, daß der Szene gesetzeswidriges Verhalten unterstellt wird, aber nicht weiter erläutert, welches.	Der Artikel weist daraufhin, daß es keine Verbindung zwischen Rechtsradikalismus und der Gothic-Szene gibt. Er unterstellt aber eine Verbindung zwischen sonstigen gesetzeswidrigen Verhalten und der Szene.

Artikel	Zitat	Analyse	Verbindung
Artikel Nr. 23 1.1.2 F.A.Z./09.06.97 "Niemand muß sich mehr des Kleinods schämen"	"Eine blutjunge Frau ganz in Schwarz (...) hebt das kalkweiße Gesicht auf ihrer 'Gothic Power' steht auf ihrer Umhängetasche (...)' Das ist garantiert eine von denen", sagt Bernd Nagel nach einem schnellen Blick,' die Satanisten feiern hier schwarze Messen (...). Dem 43 Jahre alten Abteilungsleiter (...) können (...) aber auch jugendliche Sektierer die Laune nicht verderben."	Dieser Artikel handelt von der Restaurierung eines Friedhofes. Daß es sich in der hier aufgeführten Bemerkung um ein Mitglied der Gothic-Szene handelt, wird durch das Äußere der jungen Frau deutlich gemacht, die Taschenaufschrift bestätigt es noch. Die Aussage von Bernd Nagel, es handele sich hierbei um Satanisten, wird nicht im Artikel kommentiert. Bezug wird aber vom Autor noch einmal mit der Bemerkung jugendlich Sektierer genommen. Die Gothic-Szene wird in diesem Artikel also nicht nur als satanistisch sondern auch als Sekte bezeichnet.	Die Verbindung zwischen Gothic-Szene und Satanismus wird hergestellt.
Artikel Nr. 24 1.3.1 F.A.Z./ 28.08.01 "Ein Schritt vor und keiner zurück"	"Manchmal wird aus der eher spielerischen Todesfaszination blutiger Ernst. Niemand weiß genau, wann die Hemmschwelle überschritten wird. (...) Vier Siebzehnjährige kamen dabei um. Sie waren miteinander befreundet und bewegten sich in der ländlichen Gothic-Szene."	Dieser Artikel handelt von einer Reihe von Suiziden Jugendlicher aus der Gothic-Szene im ostdeutschen Klietz. Hier wird der Bezug der Suizidvorfälle zur Gothic-Szene gesetzt, es werden keinerlei weitere Hintergründe angegeben wie z.B. Zukunftsaussichtslosigkeit etc., die Motive für die Tat sein könnten. Auch wenn hier geschrieben wird, daß manchmal aus der Todesfaszination Ernst würde, so wird doch eine Verbindung erwähnt.	In diesem Artikel wird eine Verbindung zwischen Szene und Suizid erwähnt.
Artikel Nr. 25 2.2.1/ 3.1.-2 F.A.Z./ 09.10.00 "Bluttaten in Freiberg aufgeklärt"	"Die beiden Festgenommenen seien nicht dem rechten Spektrum zuzuordnen, betonte Vogel. Die sollen vielmehr Anhänger der Gothic-Szene sein, einer Kultgemeinschaft, die sich dunkel kleidet und düster-mystische Musik hört."	Es wird ein Gegensatz zwischen Rechtsradikalen und der Gothic-Szene hergestellt. Die Szene wird hier im Zusammenhang mit dem Mord erwähnt.	Es wird daraufhingewiesen, daß eine Verbindung zwischen der Szene und Rechtsradikalismus nicht herstellbar ist sowie eine Verbindung zwischen Mord und der Szene erwähnt.

Artikel Nr. 26 4. -1	F.A.Z./ 20.09.99 "Blutjung zum Totentanz"	Der Artikel ist eine Kurzvorstellung von zwei Gothics.	Verbindungen zu gesetzeswidrigen Verhalten oder zu starken Abweichungen von Verhaltenserwartungen oder Rechtsradikalismus werden nicht erwähnt.
Artikel Nr. 27 3.1. -2	F.A.Z/ 29.03.00 "Fruchtbarer Boden" "(...) unauffällige Mehrheit der Anhänger der schwarzen Szene (...) Die schwarze Musikszene hat braune Ränder, rechtsextreme Gruppierungen strecken ihrerseits die Fühler aus - aber in der schwarzen Szene regt sich auch Widerstand."	Dieser Artikel nimmt Bezug auf die Studie über rechtes Gedankengut in der Gothic- und Black-Metalszene von Tandecki. Er zeigt, daß es einen rechten Rand der Szene gibt, daß die gesamte Szene aber nicht von rechtem Gedankengut unterlaufen sei. Hier greift also der Skalenpunkt "Verbindung nicht hergestellt", da sich von der Aussage einer kompletten Rechtswendung der Szene distanziert wird.	Eine Verbindung zu einer kompletten Rechtswendung der Szene wird als nicht herstellbar beschrieben.
Artikel Nr. 28 4. -1	F.A.Z./ 31.10.01 "Der Geisterbesuch"	Der Artikel handelt von Halloween und dem Stil der Gothic-Szene.	Es werden keinerlei Verbindungen zu abweichendem Verhalten oder Rechtsradikalismus erwähnt.
Artikel Nr. 29 4. -1	F.A.Z./ 01.07.00 "Ein Traum in schwarz geht zu Ende"	Der Artikel berichtet über das Wave-Gotik-Treffen 2000.	Es werden keinerlei Verbindungen zu abweichendem Verhalten oder Rechtsradikalismus erwähnt.

Artikel Nr. 30 2.4.1.2	F.A.Z./ 04.11.02 "Erhoben aus dem Nichts"	"Vor fünf Jahren hätten auf dem Friedhof wohl ein paar Grufties gefeiert, zumindest habe man leere Weinflaschen und Kerzen gefunden."	Die Autorin dieses Artikels geht davon aus, daß nur weil Kerzen und Weinflaschen auf einem Friedhof gefunden wurden, Mitglieder der Gothic-Szene eine Feier auf dem Friedhof veranstaltet haben. In diesem Artikel wird also vorausgesetzt, daß eine Verbindung zwischen Feiern (Ruhestörung) und der Szene vorhanden ist.	Es wird von einer Verbindung zwischen Ruhestörung auf Friedhöfen und der Gothic-Szene ausgegangen.
Artikel Nr. 31 2.1. -2	F.A.Z./ 28.02.02 "Die Trommel ruft zum Totentanz"	"Seit dem sogenannten Satanistenprozeß setzt sich aber wieder das Klischee durch, Grufties seien gemeingefährliche Teufelsanbeter. Dabei sind die 'Schwarzen', wie sich selbst lieber nennen, in der Regel empfindsame, herzensgute Menschen mit einem Faible, ja einem schmerzlichen Interesse für die dunklen Seiten des Lebens."		Es wird gezeigt, daß eine Verbindung zwischen Satanismus und Gothic-Szene nicht hergestellt werden kann.

Artikel Nr. 32 2.1. -2/ 3.1. 1/ 2.3. -2	F.A.Z./ 28.09.02 "Neues aus dem Reich des Gothic. Wie gefährlich ist es im Dunkeln?"	"Daß das Zerrbild vom schwarzgewandeten Nekrophilen kleinbürgerlichen Phantasien entspricht (...) Sosehr sie gegen die Denunziation der Grufties als Satanisten Einspruch erheben, so alarmiert zeigen sich die Verfasser jedoch von der 'Unterwanderung' der Dark-Wave-Szene durch rechtsextreme Ideologien. (...) Hierfür scheint Dark Wave aufgrund der Affinität zu Archaik und Mystik besonders geeignet. Ideologische Anschlußfähigkeit ergibt sich unabhängig von den politischen Statements einzelner Bands."	In diesem Artikel wird eine Studie referiert, die sich mit der Gothic-Szene befaßt hat. Es wird sich von einer Verbindung zwischen Satanismus und Gothic-Szene abgewandt. Beim Thema Rechtsradikalismus unterstellt der Autor der Szene eine besondere Eignung für eine Unterwanderung "durch rechtsextreme Ideologien", die besonders in der Dark Wave-Musik zum Ausdruck kommt. Näher geht er allerdings nicht auf den momentanen Stand in bezug auf die Verbreitung rechten Gedankengutes in der Szene ein. Dieser Artikel soll unter den Skalenpunkt "Verbindung erwähnt" der Kategorie Rechtsradikalismus eingeordnet werden, da er nicht ausdrücklich sagt, daß eine Unterwanderung stattgefunden hat, sehr wohl aber anmerkt, daß eine Affinität vorhanden ist. Er unterläßt eine Aufführung der Organisationen wie "Gruftis gegen rechts".	Eine starke Verbindung zu rechtem Gedankengut wird erwähnt, eine Verbindungsherstellung zu Satanismus und Nekrophilie abgelehnt.
Artikel Nr. 33 2.5. -2/ 1.2. -2	F.A.Z./ 25.05.99 "Alles, was schwarz ist"	"Die Erfahrung hat gelehrt: Kaum eine Großveranstaltung in der Messestadt verläuft friedlicher, kaum je stehen beängstigende Kostümierung und freundliches Benehmen in größerem Widerspruch. (...) die sogenannten 'Grufties', nächtigen - anderslautenden Gerüchten zum Trotz - kaum in Särgen und schlachten keine Katzen."		Es wird gezeigt, daß eine Verbindung zu einer starken Abweichung von Verhaltenserwartungen (Sonstiges) und daß eine Verbindung zu Sonstiger Gewalt nicht herstellbar ist.

Artikel Nr. 34 1.2. 1	F.A.Z./ 03.09.01 "Blutende Arme sind besser als ein blutendes Herz"	"Dagmar (...) und wie viele Betroffene der Gothic-Szene angehört (...) begann (...) sich zu verletzen."	Es wird nicht gesagt, daß in der Gothic-Szene es ein übliches Phänomen sei, sich selbst zu verletzen, sondern daß diejenigen, die sich verletzen häufig, der Gothic-Szene angehörig sind. Eine Verbindung zu sonstigen starken Abweichungen wurde nicht direkt hergestellt aber erwähnt.	Eine Verbindung zu einer starken Abweichung von Verhaltenserwartungen (Sonstiges) wird erwähnt.
Artikel Nr. 35 2.2. 1	taz/ 10.11.99 "Maskierter ersticht Lehrerin"	"Mitschüler hatten erklärt, der mutmaßliche 15-jährige Täter würde den so genannten Gruftis angehören und sich begeistert und ausdeuernd mit Gewaltvideos und Gewaltvideospielen beschäftigen."	Der Artikel handelt vom Mord eines 15jährigen an einer Lehrerin. Im die Ursache der Tat erklärenden Abschnitt des Artikels wird die Zugehörigkeit zur Gothic-Szene neben dem Betrachten von Gewaltvideos angeführt. Es wird aber nicht direkt gesagt, daß die Szenezugehörigkeit Ursache ist.	Eine Verbindung zwischen Mord und der Gothic-Szene wird erwähnt.
Artikel Nr. 36 2.2. -2	taz/ 23.11.99 "Der Tod kommt auch nach little Meißen"	"Schulen untersagen Kultklamotten wie die Tenchcoats der Gruftis, Attentäter aber verschwinden in der Menge - bis zu ihrem letzten großen Auftritt."	Der Artikel handelt u.a. von falschen Reaktionen von Schulen auf das Attentat. Hier wird gezeigt, daß die Auffälligkeit der szenetypischen Kleidung der Gothics unüblich für Attentäter ist.	Eine Verbindung zwischen Mord und der Gothic-Szene wird als nicht herstellbar gezeigt.

Artikel Nr. 37 1.1. 2/ 2.1. -2 taz/ 14.07.01 "Anzeichen für einen Ritualmord"	"(...) ist der harte Kern der Satanistenszene sehr klein.(...). Trotzdem sei zu befürchten, dass Eltern von Jugendlichen, die sich der Gothic- oder Gruftie-Szene zugehörig fühlen, durch den Mord sehr verunsichert würden. Doch es sei falsch, Jugendsatanismus mit Gewalttaten wie in Witten in Zusammenhang zu bringen. (...) 'Natürlich wird sich die hiesige Gruftie- und Gothic-Szene melden, um sich von der Tat zu distanzieren.'"	Der Artikel handelt von dem Mord eines Ehepaares, das sich im Stil der Gothic-Szene kleidete und sich als Satanisten ausgaben an einem Arbeitskollegen. Der Bezug zur Gothic-Szene wird hier nicht durch die Kleidung hergestellt sondern, es wird eine Verbindung über den Jugendsatanismus geschaffen. Das Einleitungswort "doch" schafft diese Verbindung. Auch das zum Schluß aufgeführte Zitat läßt in diesem Zusammenhang glauben, die Gothic-Szene würde sich als Angehörige des Jugendsatanismus von der Tat distanzieren. Die Gothic-Szene wird aber nicht mit Satanismus in Verbindung mit Gewalt in Zusammenhang gebracht. Es wird eine Verbindung zwischen Satanismus und Gothic Szene hergestellt. Ein Zusammenhang zwischen Gothic-Szene und Satanismus in Verbindung mit Gewalt wird als nicht herstellbar geschildert.
Artikel Nr. 38 2.4.2. 2 taz/ 29.10.98 "Bela Lugosi lebt doch"	"Was Bauhaus vom mittelenglischen Northampton aus der Welt schenkten, war allerdings vor allem das Gothic-Genre. Sie selbst distanzierten sich öffentlich zwar gern von den auftoupierten Grabschändern und romantischen Seancen-Veranstaltern. Aber durften sie sich wundern, ständig komplett in Schwarz gekleidet (...)"	Hier wird eine Verbindung zwischen Grabschändung und Gothics hergestellt.
Artikel Nr. 39 3.1. -2 taz/ 07.08.98 "Dark Wave als Anti-Nazi-Sound: 'Gruftis gegen rechts' im Köpi"	"Während Dark-Waver linke KritikerInnen oft als zu dogmatisch abstempeln, stellen viele AntifaschistInnen alle Gothic-Fans in die rechte Ecke. Gegen dieses Pauschalurteil (...)"	Es wird sich gegen das Vorurteil einer Rechtswendung der Szene gewendet. Es wird gezeigt, daß es einen rechten Rand gibt, aber auch Gegenbewegungen. Eine Verbindung zwischen Rechtsradikalismus und Szene wird als nicht herstellbar beschrieben.

Artikel	Zitat / Beschreibung	Bewertung
Artikel Nr. 40 4. -1	taz/ 09.06.98 "Der Tod ist leider niemals richtig lustig"	Der Artikel handelt von Bands der Szene.	Es werden keinerlei Verbindungen zu abweichendem Verhalten oder Rechtsradikalismus erwähnt.
Artikel Nr. 41 1.1.-2/ 2.4.2. -2	taz/ 16.02.96 "Onkels von rechts"	"Einzig der Sensationsjournalismus von *Bild* bis 'Explosiv' durchbrach (...), um aus dem nekrophilen Spaß eines kleinen Teils der Szene verzerrte Schauergeschichten zu basteln, in denen schwarzgewandete Spinner auf Friedhöfen schwarze Messen lasen oder gleich Leichen ausbuddelten."	Hier wird gezeigt, daß Verbindungen zwischen Satanismus bzw. Grabschändung und der Szene nicht herstellbar sind.
Artikel Nr. 42 4. -1	taz/ 12.05.99 "Aus der Magengrube"	Dieser Artikel stellt die Band "Deine Lakaien" und deren Anhänger, Mitglieder der Gothic-Szene vor.	Es werden keinerlei Verbindungen zu abweichendem Verhalten oder Rechtsradikalismus erwähnt.
Artikel Nr. 43 2.4.2 -2/ 1.1. -2	taz/23.01.98 "Leben in Schwarz"	"Sie graben keine Leichen aus und kreuzigen keine Meerschweinchen. Satanismus, der oft mit den Schwarzen in Verbindung gebracht wird, halten sie für Blödsinn, den nur eine ganz kleine Minderheit betreibe." — Die Autorin dieses Artikels stellt das Leben in der Szene von vier Gothics vor. Deren Zitate, die sich auf die Szene beziehen, bleiben unkommentiert. Sie stellen die Szene ausdrücklich nicht in Verbindung mit Satanismus und Grabschändung.	Verbindungen zwischen Satanismus bzw. Grabschändung und der Gothic-Szene werden als nicht herstellbar geschildert.
Artikel Nr. 44 3.1. 2	taz/ 26.05.99 "Ein kleines Weltkriegssample"	"(...) Rechtsdrall der Grufties (...)" — Der Artikel handelt von der Unterwanderung der Szene durch Rechtsradikale. Im größten Teil des Artikels wird davon gesprochen, daß auf den Konzerten von Gothic-Bands immer mehr Skinheads zu beobachten sind. In diesem aufgeführten Zitat, das sich im Schlußteil des Artikels befindet, spricht der Autor aber von einer Rechtswendung der Szene.	Es wird eine Verbindung zu Rechtsradikalismus und der Szene geschaffen.

Artikel	Zitat	Beschreibung	Verbindung
Artikel Nr. 45 2.2.-2/1.3.1 taz/ 10.04.01 "HELMUT HÖGE über 'kalte Wut'"	"(...) diese zum Masosatanismus neigende Scene zu bekämpfen, in der man jedoch statt Morden eher Selbstmord begeht. In Sachsen-Anhalt bereits mit bedenklicher Häufigkeit. (...) Dennoch oder gerade deswegen stellt sich - besonders in Sachsen-Anhalt - heute die Frage: Wie kann man dort nicht Selbstmord begehen?"	Mit der Bemerkung "eher Selbstmord begeht" wird eine Verbindung zwischen Scene und Suizid erwähnt. Hergestellt wird sie allerdings nicht. Das macht die Frage deutlich, wie man in Sachsen-Anhalt nicht Suizid begehen kann. Hier wird für den Suizid der Jugendlichen also als Motiv der Lebensort (verbunden mit Zukunftsaussichtslosigkeit) und weniger die Szene angegeben.	Eine Verbindung zwischen Szene und Mord wird als nicht herstellbar bezeichnet. Eine Verbindung zwischen Szene und Suizid wird erwähnt.
Artikel Nr. 46 4. -1 taz/ 30.01.02 "Hoffnung im Haarnest"		Dieser Artikel stellt eine Beurteilung eines Albums der Band *Deine Lakaien* dar.	Es werden keinerlei Verbindungen zu abweichendem Verhalten oder Rechtsradikalismus erwähnt.
Artikel Nr. 47 1.1. -2 taz/ 24.05.02 "Isolation verbindet"	"Er [der Satanismus-Verdacht] ist ein altes Vorurteil, das sich an bleichen Gesichtern und silbernen Kettchen mit Kreuz, Fledermaus- oder Schädel-Anhängern festmacht. (...) Ein wirkliches Problem ist dagegen, dass sie auch attraktiv für Menschen mit rechter Gesinnung geworden ist."	Der Artikel handelt von der Szene. Der Satanismus-Verdacht wird als Vorurteil entlarvt, die Beziehung zu Rechtsradikalismus wird korrekt dargestellt. Gegenbewegungen werden aufgezeigt. Es ist nicht die Rede von einer Rechtswendung der Szene	Die Verbindung zwischen Gothic-Szene und Satanismus wird als nicht herstellbar dargestellt.
Artikel Nr. 48 4. -1 taz/ 08.03.96 "Glasnost der Schwarzkittel"		Der Artikel handelt von der Band *Deine Lakaien* und hat am Rande das Thema "Gothic-Szene".	Es werden keinerlei Verbindungen zu abweichendem Verhalten oder Rechtsradikalismus erwähnt.
Artikel Nr. 49 4. -1 taz/ 26.03.99 "Apokalypse blau"		Der Artikel handelt von Gothic-Bands aus Ostdeutschland.	Es werden keinerlei Verbindungen zu abweichendem Verhalten oder Rechtsradikalismus erwähnt.

Fig. 5

Themen	Musik	Tanz	Kleidung	Symbole	Wohnraum	Treffpunkte	Events	Szenemedien
Vergangenheit	x		x	x		x (Schlösser)	x (Mittelalter)	x
Vergängliches	x	x	x	x	x	x (Friedhof)		x
Werdendes				x				
Religion	x		x	x		x (Kirche)		x
Satanismus				x				x
Mystizismus			x	x			x (heidn.Dorf)	x
Grauen	x			x		x (Ruinen)	x(Filme)	x
Gewalt	x						x (heidn Dorf)	
Willenlos (z.T. sex. Kontext)	x		x				x (Fetischmesse)	
Extreme Gefühle	x	x	x	x		x		x

www.ingramcontent.com/pod-product-compliance
Lightning Source LLC
Chambersburg PA
CBHW022317280326
41932CB00010B/1139